新装新版

青年の書

谷口雅春

光明思想社

本書を読む人のために

イエスは「神意《みこころ》の天になるが如《ごと》く地にも成《な》らせ給《たま》え」と祈れと訓《おし》えられました。「天」というのは、雲の上のことではなく、現象《げんしょう》以前の「霊的世界」のことであります。この世界は「実在の世界」又は「実相《じっそう》の世界」とも称せられ、既《すで》に神意の実現せる世界であります。「地」というのは「現象世界」のことであります。実相の世界には、一切の善《よ》きものが無限に豊かに潜在的に存在しているのであります。それは恰《あたか》も肉眼には見えないが、ラジオやテレビの波が存在しており、それが五官に触れる形にあらわれるためにはただ波長を合わせればよいというが如《ごと》くにであります。その実相の無限の善さの存在の中には、無限の力、無限の生命、無限の歓喜《かんき》、無限の愛、無限の智慧《ちえ》、無限の供給等が含まれているのであります。かかる大実在の存在の表面に、無数の小放送局の放送のように、無数の人が起こした無限の悲哀《ひあい》の波も、無限の憎《にく》みの波も、無限の嫉妬《しっと》の波も、……その他いろいろの人々の心から放送されるところの精神波動が、同一空間にしかも混同することなく、各民間放送のラジオの波が存在するように存在しているのです。これらは仮相《けそう》の波と申せましょう。

　すべての人間はラジオの受信セットの如く、これらの実在の波、仮相《けそう》の波などのまっただ中にいて、ただ心のダイヤルを回転することによって、自己の欲《ほっ》するものを選択して感受し、現象界に実現することができるのであります。

ここに人間が現象界に処《しょ》して何を実現せんかの自由があるのであります。不幸や貧乏や病気などを現象界に実現しなければならないなどということはないのであります。不幸や貧乏や病気を実現しているならば、それはその人が実際に何を求むべきかを知らないか、心をどこに波長を合わしたらよいかを知らないからにすぎないのです。あるいはまた波長を合わすのに一定の目標なく、波に波長を合わし、これに波長を合わしているのであって、ラジオのダイヤルをむやみやたらに常に波長を移動させつつあるようなもので、これでは欲するものを聴取《ちょうしゅ》することはできません。

我々は放送を視聴《しちょう》するのと同じように、どの放送局に波長を合わせるか明瞭《めいりょう》にまず決定しなければならないのです。自己自身の心のうちに互いに相反《あいはん》する希望を有《も》っているようでは駄目《だめ》なのです。「富《とみ》を実現したい」と一方で考えながら「富《と》んでは宗教家らしくない」などと他方で考えてはならないのです。あるいは「健康になりたい」と一方に考えながら、「病気が治《なお》ったらまたイヤな会社へ出勤しなければならない、困ったな」などと考えてはならないのです。

まず吾々《われわれ》は、人間は神の子であるから、どれほど幸福になっても幸福になり過ぎるということはあり得ないということを知らねばならないのです。一方に於《お》いて「幸福になりたい」願いを持ちながら他方に於て、「幸福になり過ぎては、不幸な人の多い世の中に申し訳がない」などと考えてはならないのです。何人《なんぴと》もみな幸福になれるのです。不幸になっている人たちは幸福を敢《あ》えてとらないのですから、まず真理を知った人が、大いに幸福になって見せて、「君たちもこういうように波長を合わせば幸福になれるのだよ」ということの実物教育をしてあげることが、かえって隣人を幸福ならしめるところの愛深き道であります。

どんな種類の幸福も、実在の世界には無いことはないのです。全波ラジオの受信機をもって来て、そのダイヤルを回したら、あらゆる放送局の放送を受信できると同じように、吾々はどんな実在の世界にある放送でも、それを受信し、今ここに自分自身に体現することができるのです。実在の世界にある一切のものは、時間・空間を超越《ちょうえつ》しています。だから、距離が遠いから受信しないとかいうことがないと同時に、放送のない時間には受信できないというようなものではありません。自由に欲《ほっ》するものを欲する時に受信し実現することができるのであります。

無論、その受信セットにあるところの受信機構は、吾々の「心」ですから、吾々の「心」が適当に調整され感度が鋭敏であることを必要とするのです。そして意識的に心の波長をどんな波長にでも変化し得るよう訓練されていなければならないのです。恰度《ちょうど》それは、ラジオの真空管の感度が鋭敏であると同時に、バリコンの回転がどんな方向へもなめらかに回転して、どんな周波数でも自由に出し得るようでなければならないのです。ダイヤルの回転とバリコンの回転との間に全然スリップがなく、目盛りのとおりの周波数を出し得るものでなければならないと同様に、欲《ほっ》する事物に全然精確《せいかく》に波長を合わし得なければならないのです。

どこに吾々《われわれ》がおろうとも、いかなる環境におろうとも、感度の鋭敏な全波ラジオであるならば、そこに欲する放送を自由に感受して再現できると同じように、吾々がいつ、いかなる境遇におろうとも、欲する事物を鋭敏に感受して実現し得ないということはあり得ないのです。吾々が自分の心のセットで波長を合わそうとして決意する限りに於《お》いて、多少とも、吾々は欲する事物をその環境に於て実現し得るはずなのです。

そのままの境遇にいてさえも心の波長を変化することによって幸福を実現し得るのです。それは、たとえば自分がある国に生まれて、その国の習慣に従わねばならぬというような場合にでもそれについてブツブツ考え、不平の心を常に起こして不幸でいることもできれば、それに調和して気持よく幸福でいることもできるし、また、調和しながら、神の無限の智慧《ちえ》を受信して、その智慧の働きによってその国の習慣を徐々に変化せしめて行くこともできるようにです。ともかく自己選択の決意をもって、心の波長を変化さえするならば、そこに自己の欲する事物を実現し得ることになるのです。

吾々の決意はラジオ・セットのダイヤルを回すことができるように、決意がなければ何事も成就《じょうじゅ》しないのです。吾々は常に決意して、建設的な想念（破壊的の反対）楽観的想念（悲観的の反対）を、起こすようにしなければならないのです。また想念のみならず、感情、言語、動作等のすべてを決意によって統制して、建設的な、楽観的な明るいものを選ばなければならないのです。

決意は、心の注目の方向を決定し、その方向に思想、感情、言語、行動を持続せしめるのです。明るい方面のみに心の注目を持続することによって、自分の心の全体の波長がよきものを感受し得る波長となるのであります。

しかし意志の力はいかにして訓練すべきであるか。すべてのものの訓練がそうであるように、意志の力も、同様に常に実践をつづけることによってその力が増大してくるのです。反覆するということが必要です。諸君は本書を読んで心の方向を明るい方面に向けることができるでしょう。きっと、心全体の調子が建設的な進歩的なものとなるでしょう。その明るい建設的な進歩的な心の調子が、「実在の世界」にラジオ波の如《ごと》く潜在する宇宙の無限智と感合《かんごう》し、諸君の運命を明るい建設的な進歩的なものとするのです。だからこの書はただ一回読んで「わかった」と言って、捨《す》ててしまってよいものではありません。常に携帯して反覆して読んでいただきたいのです。この書は著者の生まれてから執筆時までの全生涯の体験から教えられた最も深きものの表現でありますから、諸君のためにならないということはありません。東京都調布市飛田給の生長の家練成道場で青年が練成に来て、徳久博士や本部の諸講師がその指導にあたっていて、多くの青年が生の歓喜に満たされ、親孝行になって帰る――その感激を、単に練成の短期間だけではなく、自宅に帰ってからも世の中に出てからも、持ちつづけるための「紙上練成」の書というようなものを私の多くの著書の中から抜萃《ばっすい》してほしいと私は徳久博士からたのまれました。それを抜萃する代りに新たに書きはじめたのが本書です。最初から十七章に到るまで悉《ことごと》く書きおろしです。これは私の生涯をかけて体得した処世哲学であると同時に、成功の心理学でもあります。青年のみならず一般立志の人たちにもこの処世哲学はきっとお役に立つでしょう。最後の十八章のみは徳久博士が私の無数の著書のうちから、練成道場へ修練に来る人たちに読ませたいとてわざわざ抜萃して下さったもので、割愛《かつあい》するのには惜《お》しいと思って収録したのです。常に本書を読んでよき心の波長を起こし、永遠進歩向上の生活を送られんことを希望します。なぜならこの世界は波長の類似のものが集まるという心の法則に支配されているのですから。

なお、付記したいことは、心霊現象に於《お》ける現象の真実性の問題である。霊媒《れいばい》はラジオ・セットのようなものであるから、その心境の如何《いかん》によっていつでも同じ調子に霊的啓示が出て来るものではない。私がかつて賞《ほ》めた霊媒でも、いつまでもその調子がつづいているとは限らない。そんな場合、職業霊媒は生活上の必要と過去の信用を落とすまいという焦躁《しょうそう》とから、ときどき詐術《さじゅつ》を用いて参会者をごまかすことがある。心霊現象に深き経験のない人たちがそれに瞞《だま》されるということはありがちである。いつも話すとおり、地表をさまよう「霊魂《れいこん》」は「生きている人間」のすぐれたる人よりもおおむね無智であって、教えられることよりも、翻弄《ほんろう》され、愚弄《ぐろう》される如《ごと》き場合が多いのである。心霊現象にはただ肉体滅後にも「霊魂」は存在するという事実を知る以上に深入りすべきものではないのである。暗中に人形が浮揚《ふよう》する如きことに興味をもつのは手品を見る興味と同じで、人間愛に忙しい人の出席すべきものではない。更《さら》にかかる霊の予言に興味をもつに到っては邪道《じゃどう》である。その適中《てきちゅう》で有名なアガシャの予言も、「予言によって行動して何らかの利益を得るために予言をしているのではなく、現象界の背後には心の世界があるという神秘に目醒《めざ》めしめるために予言をしているのである」とアガシャ自身が言っているのである。人間が現実世界にいるのは現実世界に使命があるからであって、霊魂の世界のことを詳しく知るのは肉体を脱してからでよいのである。吾々《われわれ》は与えられた「今」に忠実であるべきであって、「霊の世界」のことに心を奪われてはならないのである。すべてのことを霊界の教示に仰《あお》げば人間は木偶《でく》の坊になってしまう。人間みずからの内に神が宿っているのであって、その啓示が「神格の内流」であり、「良心の囁《ささや》き」である。人間は自己の良心の囁きに従って、もっと自主的に行動すべきである。二重人格的にあらわれる神なるものには警戒しなければならない。特に人生の経験にまだ乏しき青年は「本当の神は霊媒にはかからぬ」という教えを深く体《たい》して自重《じちょう》せられたいのである。

谷口雅春《たにぐちまさはる》　しるす

新装新版　青年の書

目次

新装新版　青年の書

序章　自己の内部理想

すべての植物を植えると、それは上へ上へと伸びてゆくのである。そして光の方へ光の方へと向かって行く。そこには生命の力が見出《みいだ》されるのであって、生命の力は地球の引力の下へ下へと下向《げこう》せしめる力に抗して、無限に上へ伸びて行こうとするのである。物質は重力を以《もっ》て下へひきつけ、伸びる力を停止せしめ、生命をできるだけ伸びないで停止せしめようとするのである。しかし、生命の力は物質の下向的および静止的力よりも強いのであって、物質の自然の引力に抗して、物質をかえって天へ天へと引きあげ、それを理念の力は改造するのである。すべての生物は、それが生命をもっている限りに於《おい》て天に向かって上昇する傾向をもっているのであるが、人間は、特に造られたるものの中で最高の顕現《けんげん》として最も高く天に向かって上昇せんとするものなのである。

人間が天に向かって上昇するのは、必ずしも肉体の背丈《せたけ》がのびて物質的に上昇するのではないのである。物質的に天に向かって上昇せんとする働きは、見事にバベルの塔に於て、神によって破壊されたのである。人間の上昇は物質を超えて霊的に天に向かって上昇しなければならないのである。それこそが本当の人間の向上である。吾々《われわれ》の中には、神の「完全理想」が宿っているのである。神の「完全理想」は常に吾々に向かって中《うち》より、「汝《なんじ》高邁《こうまい》であれ。汝気尚《けだか》くあれ。汝正しくあれ。汝尊くあれ」とささやきかけているのである。物質的量および高さに於て大きく高く伸びるのは、動植物の世界のことなのである。人間は物質を超え肉体を超え、内《うち》なる「完全理想」のささやきが導くとおりに、高く伸びなければならないのである。真の人間はこの地上の王国に属するものではないのである。地上の王国の人たちがいかに汝を毀誉褒貶《きよほうへん》しようともそんなことは問題ではないのである。地に属する群衆の批評や、移り変わる時代思想に迎合した批判がいかにあろうとも、そんなことは真に自己の内に宿るところの「完全理想」の批判に比ぶればとるに足らないものである。吾々は自己の内なる「完全理想」が満足して賞揚《しょうよう》するものとなった時に本当の生き甲斐《いがい》を感ずることができるのである。

もし諸君が少しでも自己の内なる「完全理想」の批判に訴えて、やましいような行ないをしていながら、社会からやんやと持ちあげられ、毎日の新聞に大見出しで書かれ、あるいは高位高官にあげられ、あるいは大富長者《だいふちょうじゃ》になるならば、諸君自身は内部の「完全理想」の声として魂の奥底から、自分自身は「ニセモノ」であるという批判をきくであろう。そのようなとき魂の奥底には必ず何か喜ばない暗いものがあるに違いないのである。その暗い影は結局魂が物質に屈従した部分を示すのである。物質の分量がいかに多くとも、もし魂がそれによって暗く陰影《いんえい》づけられるなら、それだけ諸君は自己の生命が敗北したのである。生命は物質を超えるか、物質に屈従するかいずれかである。生命が物質に屈従した時、そこに集められた物質の量がいかに多くとも、それは味方を敗北せしめた敵軍の数が多いということにすぎないのである。

かくの如《ごと》きとき、吾々の「内部理想」は、霹靂《へきれき》の如く大声叱呼《たいせいしっこ》して「汝は大なる失敗者である。汝の獲得したるものは生命ではなくして、累々《るいるい》たる屍《しかばね》にすぎないのである」と告げるであろう。その魂の宣告を諸君は内よりきく時、形の世界に於ては、世間から賞《しょう》讃《さん》され、周囲から持ちあげられながらも自分自身の敗北を認めずにはおれないのである。自分は実につまらないことをしたのである。魂の伸びる機会に魂をけがしたのである。物質を支配する代りに物質の奴隷となったのである。そういう感じが深く深く魂の奥から責《せ》めるであろう。

人間の価値を発揮する特別に秘密な錬金術《れんきんじゅつ》はどこにもないのである。吾々はただ自己の内なる「完全理想」の叫びをきいて、その導きのままに進んで行くことによってのみ魂の価値を発揮することができるのである。世間の批評は誤《あやま》るであろう。今日最高の栄誉を与えたところの同じ世間が、次の日には彼を死刑に宣告するかも知れないのである。吾々は世間の標準にまどわされてはならないのである。吾々は自己の「内部理想」の批評にきかなければならないのである。

「内部理想」の批判は常に終始《しゅうし》一貫するものであって、昨日《きのう》ほめた者を今日《きょう》は地獄につきおとすということはないのである。昨日けなしたところの者を今日ほめるということはないのである。常に善は善であり、常に悪は悪である。「内部理想」の導きに従う者には迷うということはないのである。どんな逆境にいても、どんなに失敗と見える境遇にいても、「内部理想」は、もし諸君が、高邁《こうまい》に理想を生き、正義を貫《つらぬ》き魂の純粋性を失わなかったならば、きっと内《うち》より「汝《なんじ》は勝利者である。偉大なる者である。わが子よ」とよびかけてくれるであろう。諸君はこの魂の内なる信頼をけっして裏切ってはならないのである。世間は諸君が何をもつかということによって毀誉褒貶《きよほうへん》するかも知れないが、真の人間の価値は「彼が何を持つか」ということにはないのであって、「彼が何であるか」ということにあるのである。諸君は「何を持つか」ということよりも「何であるか」ということに生活の理想をおくべきであるのである。

「持つ」ところのものは、「自分自身」ではないのである。それは自分自身ではなく、たんなる自分の付加物にすぎないのである。付加物がいかに絢爛華麗《けんらんかれい》であろうとも、人間そのものの価値が高邁優秀になるのではないのである。包紙《つつみがみ》や宝石箱がいかに立派であろうともその中の宝石が偽物《にせもの》であったならば何の値打もないのである。外の富や名声が立派であるのはただ宝石箱を華麗絢爛に包装するのと同じことである。それよりも真の自己の魂の宝石を本当のものたらしめなければならないのである。魂は不純や瑾物《きずもの》を嫌うのである。もし吾々《われわれ》の魂に瑾《きず》がつこうとする時には、きっと魂の奥底から、声なき声がきこえてきて、何となく落ちつかないあるものを感ずるであろう。何となく落ちつかない魂のささやきこそ、「何かおまえのすることはまちがっている」と教えているのである。吾々はこの「内部理想」のささやきをきいたならば、直《ただ》ちにそれを改めなければならないのである。心の動揺や、何となき落ちつきなさが感じられた時には、きっと何か自分が間違っているのだと省《かえり》みて、その原因を修正しなければならないのである。自己内心のささやきをごまかしてはならないのである。心に落ちつきがないのは、何か自己の「内部理想」が承認しないところの正しくないある物が、諸君の心の中または行ないにあるからである。自己の「内部理想」がもっとも完全なる指針として諸君のとるべき正しき道を教えるのは、あたかも船の羅針盤《らしんばん》がその船の航行すべき正しき方向を教えるのと同じことである。心の動揺はあたかも暴風の如《ごと》きものである。暴風のまっただ中に航行しながら羅針盤の指《さ》し示す方向に従わないでいるのは、結局その船の破壊となるほかはないのである。だから吾々が心の落ちつきを失った時には、静かに坐《ざ》して今まで自分が歩むところの道がまちがっていたということを省みて「内部理想」の指し示すところの正しき理想に向かって方向を変えなければならないのである。

　諸君よ、常に自己自身の「内部理想」のささやきに対して正直であり、素直でなければならないのである。「内部理想」こそが諸君の「本当の自分」であって、この「本当の自分」

の要求を殺してしまうならば、自分自身が死んでしまうのである。真に生きる道は、自分の「内部理想」を生かすほかはないのである。どんな小さな問題でも、「内部理想」から離れたものとなってはならないのである。それは諸君の顔に、どんな小さな傷でもつけてはならないのと同じことである。否《いな》、諸君の「内部理想」は諸君の魂であるから、諸君の顔よりは尚々《なおなお》傷をつけてはならないのである。

諸君よ、自分自身を安売りするな。せっかく尊い神の子である自分を、それ以下の値打《ねうち》をつけて売り出すのはあまりにもったいないではないか、たとえば素晴らしい純毛の「自分」を安物の化繊混紡《かせんこんぼう》の「自分」ととりかえてはならないのである。純粋に「神の子」なるところの自己の内部理想をどこどこまでも完全に表現せよ。そのとき諸君は本当に生き《い》甲斐《がい》を感ずることができるのである。

「生き甲斐」とは一体何であるか。それは諸君の「内部理想」が完全に諸君の心情または行為を賞讃《しょうさん》した時の感じである。諸君は物質に属するいかなるものを失おうとも、この「内部理想」の賞讃を失わなければ、生き甲斐を感ずることができるのである。諸君は形の世界に於《お》いては、あるいは豊かなる邸宅に、あるいは貧しき長屋の一室に住むかも知れない。また時には千万長者となるかも知れない。ある機会には一文《もん》なしになるかも知れない。あるいはもっとも高貴なる織物の洋服をつけるかも知れない、あるいは破れちぎれた襤褸《ぼろ》を身に纏《まと》うかも知れない。しかしそんなものは移り変わるもので諸君自身ではないのである。それは諸君の外のもののことである。外がいくら立派であっても内が腐ってしまっていては何にもならないのである。内なる「内部理想」が完全に光輝燦然《こうきさんぜん》とかがやく人こそ真に富める人であるのである。

いかに多くの人たちが、自己の「内部理想」を失うことによって、その代償として華麗なる邸宅や、富裕《ふゆう》なる財産や、いろいろの高き地位をかち得ていることであろう。しかしながらそれは早晩くずれてしまうべきニセモノの栄誉にすぎないのである。諸君はかくの如《ごと》きものをこいねがってはならないのである。内に神の国を求め、神の国の義《ただしき》を求め、しかしてその尊き「内部理想」が現実化したところの栄誉となってこそ、それは永遠にくずれない「神の子・人間」の栄誉であるのだ。

ニセモノの上に建てられたる栄誉の楼閣《ろうかく》は風吹き波《なみ》来たれば砂の上の楼閣のように押し流され栄誉はくつがえって、惨憺《さんたん》たる屈辱《くつじょく》たることを暴露《ばくろ》するのである。千万人の人々が賞讃しようとも、一個の「内部理想」が、諸君を「不名誉のもの」と宣告するならば、諸君の真の輝く栄誉はないのである。幾千万人が諸君を非国民とののしろうとも、諸君の内部理想が諸君に対して栄冠を授《さず》けるならば、諸君は魂の世界に於て王冠を得たのである。そのとき諸君の魂の中には、本当の落ちつきと、平和と、満足とが行き亙《わた》り、打ちさわぐ暴風怒濤《ぼうふうどとう》の中にいても、心の平和と喜びとを失うということはないのである。

狡猾《こうかつ》な、卑怯《ひきょう》な奸計《かんけい》をめぐらして諸君が成功を得ようとも、「内部理想」がそれを賞讃せず承認しなかったならば、諸君の魂は常に、良心の法廷にさばかれている囚人《しゅうじん》のように戦《おのの》いていなければならないのである。詐謀《さぼう》や、奸計《かんけい》や譎詐《きっさ》や、ごまかし等によって成功を贏《か》ち得ることがあるにしても、かくの如《ごと》きことによって成功を贏《か》ち得るくらいであるならば、正しき内部理想の導きに従って成功がかち得られないということはあり得ないのである。一時的の成功はともかくとして、最後の成功は自己の「内部理想」の賞讃するやり方によってのみ得られるのである。なぜなら自己の「内部理想」は神性であって、神性は人類に共通しているものであり、自己の「内部理想」が賞讃するものは人類全体の「内部理想」が賞讃してくれるものであるから、人類全体に喜ばれないということはあり得ないからである。

自己の「内部理想」を磨き出すには、よき友をもたなければならないのである。またよき言葉の書物にふれ、その言葉の雰囲気をわがものとしなければならないのである。吾々《われわれ》はその交わるところの友人よりしてその人の性質をうけとるのである、雰囲気は直《ただ》ちに感染する。悪《あ》しき友をもつくらいならば、聖賢の書にしたしんでその言葉の雰囲気を吸収するがいいのである。吾々は雨蛙《あまがえる》の如くその住んでいる周囲の色彩を自分自身に帯びることになるのである。かの雨蛙が緑の葉にとまっておれば緑となり、赭土《あかつち》の上にとまっておれば赭土色となり、みかげ石の上に止まっておればみかげ石の斑点を全身に帯びるが如く、人間もまた自分の生活する環境より自分の心の雰囲気に印象をうけるのである。闇取《やみ》引きを平気でする仲間の中に生活すればそれがあたりまえのことと思えるであろう。賭《と》博《ばく》を常習犯としている仲間の中で生活すれば、賭博をするのが罪悪でないと思えるようになるであろう。しかしそういうとき、自己の内部理想は周囲の人たちの雰囲気によって汚されて、それ自身の光が発揮しなくなっているのである。吾々は常に省《かえり》みて、「自己の内部理想」の鏡がくもっていないかを点検し、始終それを払拭《ふっしょく》するようにしなければならないのである。

おそらく諸君の服装ではなく、財産ではなく、地位ではなく、諸君の人格がものをいうべき時が来るであろう。諸君は谷に向かって大声で叫ぶように、到る所に諸君の人格の反響《こだま》をきくのである。もし諸君がよき環境をこいねがい、よき人々にとり繞《まか》れ、楽園の如き楽しき人生を送りたいと思うならば、まず自己の「内部理想」がくもらないように常によく内省《ないせい》して、その「内部理想」の光に照らして日常生活を歩むことである。

第一章　夢を描け

人々よ、夢を描け、すべてこの世に於《おい》て価値あるところのものは、勇敢《ゆうかん》に夢を描いたところの人々の心の中から出発したものであるのである。人間の歴史から夢を取り去ったならば、この世界は現代のような立派な文化はできなかったのである。まことに夢を描く人こそ人類文化の前哨線《ぜんしょうせん》に立つ人である。目の前の荊棘《けいきょく》を切り開き、けわしきを平《たい》らかならしめ、困難を幸福にかえることのできた人々は悉《ことごと》く夢を描く人々であったのである。夢を描く人々は、幾《いく》世代から幾世代に至るまで、おおくの人類の先頭に立って現代の文化を築きあげて来たのである。現代の文化は、それら夢を描く人々の総計であるということができるのである。

青年はすべからく夢を描かなければならない。むろん壮年も、老年も夢を描くことによってその生命は若返り、前進する力を増加し、疲れたる人生行路に新しき精神の熱情を生みだしてくることができるのである。現在の狭き、窮屈《きゅうくつ》な、制限のみちみちた世界に、もし吾々《われわれ》が広々とした自由な、制約のない世界を心に描くことができなかったなら、何というこの世界は窮屈な住みづらい世界であったであろう。しかし夢を描く人々は現在の窮屈さを見ないのである。現在の制限を見ないのである。現在の窮屈さをこえ、自由な空想の翼をもって、未来の世界にいっそう自由な喜ばしい世界を想望するのである。

夢は必ずしも芸術家や音楽家や詩人のみに必要なのではないのである。すべての新しき事業のリーダーとなる人々には、夢みる能力がなければならないのである。それは、工業にも、商業にも、政治家にも、社会革命家にも必要なのである。もし新しき理想世界が吾々の心の中《うち》に描かれることがなければ、この世の中にはなんら新しき進歩はないであろう。

飛行機の発明も人間が鳥の如《ごと》く空を飛ぶところの可能性を夢みることによってそれが現実となったのである。無線電信の発明も、ラジオの発明も、遠くにいて魔法のように人々の声をきくことができる夢を描くことによってそれが遂《つい》に実現したのである。シンガーミシンも人間が手を動かさずして裁縫《さいほう》ができるという夢を心に描くことによって遂にそれが成就《じょうじゅ》したのである。夢は現在のすべての時間的空間的制限をこえて、無限の能力を実現するための原動力であるのである。もし人間に夢がなければ、この世の中に美しいすべてのものは存在しなかったであろう。ゲーテのファウストも、シェークスピアのハムレットも、リヤ王も、もし夢を描く能力が彼らになかったら、これらはこの地上の存在に入らなかったであろう。ラファエルやミケランジェロや、レオナルド・ダ・ヴィンチの大芸術も、もし彼らが夢を描く能力をもたなかったらそれは地上に実現しなかったであろう。夢は現実をこえ彼らを鉄壁《てっぺき》の中に取り囲むともそれをこえる力をもっているのである。いかなる困難も、試練も、災厄《さいやく》も、不幸なる境遇も、夢を描く人々にとっては彼らをはばむところの障壁《しょうへき》とはならないのである、彼らは夢を描く刹那《せつな》にそれを飛び超える。人類のみが夢を描く能力を神から与えられているのである。もし人類に夢を描く能力がなかったならば、文化の進歩もあり得ないし、猛獣《もうじゅう》等より力の弱い点に於《おい》て、人類は他の動物に敗北してこの世界は猛獣毒蛇《どくじゃ》の住む世界となっていたであろう。

人々よ、今夢を描け。いかに今諸君が貧しくとも、夢の世界に於てはもう富んでいるのである。今いかに不幸であろうとも夢の世界ではすでに幸福であるのである。もしすべての存在が心によって造られたものであるということを諸君が今すぐ知り得るならば、諸君はすでに現在の貧しい不幸な状態から、新しい豊かなる幸福な世界に生まれ変わっているのと同様なのである。

キリストは「汝《なんじ》の信ずる如《ごと》く汝にまでなれ」といったのである。もし諸君が常に夢を描き、その実現を真に信ずることができるならば、今もっとも貧しき工場に於て働いている女工員であってもすでに富豪であるのである。

しかし夢はただ描くだけでは一種の自慰《じい》作用にすぎないのであって、よき子を生むことができないのである。諸君は自己の描いたる夢を実現せんがための、その夢にふさわしき決意をもたなければならない。「吾《われ》これを為《な》さんと決意す、必ずこれは実現す」との決意をもたなければならないのである。決意の次には断行の勇気と、その目的実現の窮極《きゅうきょく》に到るまで強烈なる意志の持続力と粘着性とをもたなければならないのである。夢がたんなる空想であるか、実現する夢となるかは、実行の決意と、断行の勇気と、目的を貫徹するまで努力を休めない粘着力とがあるとないとによってきまるのである。

もし断行の勇気なく、努力を継続する粘着力なきときは、夢はただ空中に楼閣《ろうかく》を描くが如きたあいもない時間の無駄の浪費に費やされてしまうのである。そしてその人の人格は、不自然な、頼りない、いつもお伽噺《とぎばなし》の中にさまよっている精神朦朧者《せいしんもうろうしゃ》の如き夢遊《むゆう》状態に陥《おちい》ってしまうのである。

吾々《われわれ》の人格は夢を実現せんとする努力に比例して、それは強くなり、現実的な確実性を増してくるのである。夢はたんなる夢ではなくして実現する夢のみが、真にインスピレーションと称すべきものである。精神朦朧者も夢を描くが、それはただ阿片吸引者《あへんきゅういんしゃ》が麻酔《ますい》状態に於て描くところのたあいもない幻覚《げんかく》であるように、それはなんら実現の計画も努力も決意もなしになまけながら描かれるのである。かくの如きは偉大となる人間の描くべき夢ではないのである。夢をたんなる夢として終わらしむるな。必ず実現する夢を描け。そのためには諸君の夢が神の智慧《ちえ》につながらなければならないのである。常に自分が諸君に対して「神想観《しんそうかん》(meditation)をおこたるな」と教えるのはそのためである。

「神の智慧吾《ちえわれ》に流れ入りて吾にもっとも適当なる夢を描かしめ給《たま》うのである。その夢を実現するに必要なるすべての計画を神の智慧が示し給うのである。そしてそれを実現するための断行の勇気と必要なる資材とを神は必ず与え給うのである」と常に念ずるようにしているならば、必ず諸君にもっとも適切な、実現の可能性ある夢がいつしか諸君の心の中に天降《あまくだ》ってくるであろう。そして不思議にその協力者が現われ、それを実現するのに必要な資本も資材も自《おのず》から集まってくるであろう。神は無尽蔵《むじんぞう》であるからである。

諸君が夢を描くならばその夢はよろしく偉大なる夢でなければならない。すべて小さきものは人々にとって魅力はないのである。「大きさ」——それがすでに人間にとって大いなる魅力である。諸君よ、宜《よろ》しく大いなる夢を描け、小さき夢は却《かえ》って実現の可能が少ないのである。しかして後に一歩一歩その夢を実現すべく努力すべきである。

第二章　背水の陣をしけ

――機会をみずから作ること――

人ひとたび希望の夢を描いたならば、それを実現せんがために、一心不乱にならなければならないのである。すべて心が散漫になる時には、その精力は分散し完全なる能率をあげることはできないのである。ひとたび、これを実現せんと決意せる以上は、もしそれが不可能ならば、その目的を中止しても別に差支《さしつか》えがないのであるというような、逃げ道を作っておいてはならないのである。「吾《われ》これをなさんと欲《ほっ》す。必ずこれを実現するのである。実現しなかったならば死ぬよりほかに道がないのである」というような、一路邁進《まいしん》、一心不乱、すべての後方の退路《たいろ》を遮断《しゃだん》して、ただ進むより外に道なきようにしておくことが必要であるのである。歴史によればアレキサンダー大王が、兵を陣頭に進めた時、その幕僚《ばくりょう》が、「もし機会あらば次の都市を占領することにいたしましょう」と大王に言った時、彼は「機会とは何ぞや。機会は外からやってくるのではない。機会は自分の欲する所に自分自《みずか》ら作るのだ」と叱咤《しった》したということである。私はこの例を戦争のためにあげるのではないのである。人生は、自分で自分の欲する所に機会を作り得る者のみが真の勝者となるのである。

吾等《われら》が、自ら機会を作るには、あらゆるものを機会としてその中へ入って行く必要があるのである。困難を避け安易を求めるようでは機会は生まれて来ないのである。今ある生活がもし安易であるならば、そのような生活を断乎《だんこ》としてかなぐりすて、みずから困難を困難とせず、複雑なる世界にとびこむだけの勇気がなければならないのである。「私の性格は人をさけて静かに山の中で瞑想《めいそう》にふけるに適している」などというような隠者《いんじゃ》の如《ごと》き退嬰《たいえい》の心をもってはならないのである。人間はあまり環境に甘やかされるとき、その全力を発揮することができないのである。いつも浅瀬で足を地につけて泳いでいるようでは真に泳ぐ力は発揮されないのである。深みへ飛び込んで、誰も助ける者のない状態に於《おい》て、絶体絶命の境地におかれるとき、はじめて自己内在の全力を発揮することができるのである。

米国の商人王といわれたマーシャル・フィールドはマサチューセッツ州のピッチフィールド市にあるディーコン・ダヴィス百貨店の事務員として生活していたのであるが、そこで何らの苦労のない平々凡々たる状態で一生涯をすごしたならば、彼は決して商人王となることはできなかったのである。彼はその安易なる環境に満足することができず、そこを飛びだしてシカゴへ行った。そこで多くの貧しき少年が生活の最前線に出て苦労艱難《かんなん》しているその努力ある生活にふれたのである。「あの貧しき少年さえもかくの如き努力をしているではないか。自分がこんなに安閑《あんかん》としている訳はない」と彼は決意したのである。言い換えれば彼は新しき夢を描いたのである。無論、マーシャル・フィールドは偉大なる商人となる天分をもっていたには違いないのである。それなればこそディーコン・ダヴィス百貨店を飛びだしたのであるが、しかしその飛びだした環境が、彼の内《うち》に宿る決意と努力をよびだすところの機会を与えたのである。彼はディーコン・ダヴィス百貨店を飛びだすことによって新しい機会を作った。彼が機会を作ったのであって、機会が彼を作ったのではなかったのである。

安易の中に惰眠《だみん》を貪《むさぼ》らず、みずから進んで困難の中に突進して行く勇気ある者のみ自《みずか》ら機会を作ることができたのである。自ら進んで炉《ろ》の中になげ入れられる者のみが鍛えられて名刀となるのである。困難困難にあらず、これを困難というのである。多くの人たちは自己の中《うち》に名刀の如く輝くところのすばらしき天分をもちながら、困難を避け、炉の火を避け、砥石《といし》を避けるがためにそのすばらしき光を発揮することができないのである。

いかに天分多き者といえども、あまりに「安易」の中に育てられ、甘やかされている場合にはその天分の見事さを発揮することができないのである。すべての能力は鈍ってしまいあらゆる力は失われてしまうのである。吾々の心に描く「夢」もそれを実現せんがために、困難の炉の中になげ入れるときはじめてそれは実現する力となるのである。もし何事もしないでも生活ができるような、安易な環境の中にのみ生活するならば、「何事もしないですむ」のであるから、「何事をもなす力」がたといその人にあっても発揮することができないのである。エマーソンは、「吾《わ》がなし能《あた》うところのものをなさせるようにしてくれる人を自分はもっとも求める」といったが、せっかくの能力をもちながら、誰も自分にその能力で何もさせてくれないとしたならば、それはまことに宝の持ちぐされといわなければならないのである。しかし吾《われ》らは、人が自分に何かをなさせてくれるまで待っていてよいのであろうか。

吾らはマーシャル・フィールドのように自ら安易なる環境から飛びだして、そこに自分の能力を磨きださせてくれる新しき環境を作らなければならないのである。自己の能力を百パーセント発揮する機会も、環境も、自己自身が作るのでなければならない。「機会は自ら作るのだ」ということは、すべての事業に於《お》て成功するものの標語でなければならぬのである。

もし今諸君のいる環境が、為《な》すある自分の能力を百パーセント発揮するに足らぬと信ずるならば自らそこをとびだすか、同じようにそこにいるにしても、その環境に於て、絶体絶命自分の全力をしぼりださねばおれないような機会を創造することだ。多くの人たちは「できるだけ楽の方がいい」「できるだけ仕事の少ない方がいい」「できるだけ責任の少ない方がいい」などと考えて自分の全能力を出さないでもいいような状態に、自分自身をおこうとするものであるから、彼らはその天賦《てんぷ》の能力の五十パーセント、二十パーセント乃至《ないし》十パーセントも発揮し得ないのであって、せっかくの能力を使わずに腐《くさ》らせてしまうのである。

されば吾らは、最後の一滴までも自分の能力をしぼり出すような困難な状態に自分をおけ、これはたんなる受難礼讃《じゅなんらいさん》ではないのである。たんなる受難礼讃は災厄《さいやく》と不幸との中に失望し落胆《らくたん》し苦しむことが喜びであるとするのであるけれども、自分の与えられたる能力の最後までしぼりだすための困難を自ら求めるのは、最後の自己完成を目的とするための、あらゆる必要なる条件を求めるのであって、常にその人の心の中には、希望と勇気とがみちみちていて決して失望や落胆や泣きぬれた環境に自己憐憫《れんびん》する愚《おろ》かさは存在しないのである。

ジュリアス・シーザーがかつてドーヴァー海峡を渡ってその軍隊を英国に進めたとき、背後の運送船を全て焼きはらって完全に自分の軍隊の退路を絶《た》ち、「勝たずんば死あるのみ」の絶体絶命の境地に自分自身の軍隊をおいたのは有名な話である。人生の航路に於て、自己に宿る無限に大いなる力を最後の一滴までしぼりだそうと欲《ほっ》するものは、このような環境に自分自身をおくことが必要なのである。あらゆる場合に於て、逃げ道があり、「うまく行かなければやめたらいい」というような、そんな卑怯《ひきょう》な生活法ではとうてい自己の天分の二十分の一も発揮することはできないのである。真に責任ある地位に立たしめられ、この事業の成否《せいひ》は、自分自身の全責任にあるというような絶体絶命の境地に立たしめられた時にのみ自己の偉大なる力を発揮することができるのである。

砲弾はいかに爆発力が強くとも、たんにそれに引火するだけでは最も強烈な力を発揮することはできないのである。それはせまい砲身《ほうしん》の中に押し込まれ、ただ一方に進むほかに余儀《よぎ》なくされた時にのみ、遠距離の目標に到達して、内在の爆発力を完全に発揮することができるのである。諸君の能力もこの砲弾の爆発力と同じく、絶体絶命の境地に押し込めて、いやでも応でも、前進するより仕方のない境涯《きょうがい》に立たしめられた時にのみ、その全能力を発揮することができるのである。たいていの人は偉大なる能力を恵まれながらも、不幸にして、その全能力を発揮すべき絶体絶命の重圧によっておし詰められることなく、責任ある地位に立たしめられず、そのためにせっかくの偉大なる天分《てんぶん》を発揮する機会を失って、「自分は凡庸《ぼんよう》なり」と思い違いをしているのである。

歴史上に大人物として名をとどめている多くの人たちは、おおむね乱世にあってその名を轟《とどろ》かせたのである。泰平《たいへい》の世には英雄がでないのは、英雄が存在しないのではなく、「英雄」として顕《あら》われる能力を、最後の一滴までもしぼり出すような困難なる「好機会」が存在しないからなのである。必要は偉大を生み天才を生み出すのである。偉大なる科学的発明も泰平の百年間に於《お》けるそれよりも、乱世に於ける十年間のそれの方が、その発明の量に於《お》いて、質に於て偉大であったのである。すなわち原子力の実用化の如《ごと》きはそれであって、困難が人間の天才をいかに多くしぼりだすかを示すものである。

だから諸君よ、諸君は決して困難に対して尻ごみしてはならないのである。最も難《むつか》しき責任をさけてはならないのである。自ら進んで困難を解決し、全責任を一身に背負って、吾《われ》これに失敗せばただ死あるのみと背水の陣を布《し》いて、自己の全能力をあらゆる機会に於て搾《しぼ》り出す者は、遂《つい》に偉大なる能力を発揮することができるのである。

多くの人たちは自分の全能力をしぼりださないでも安楽に生活できるようななまくらの環境におかれているが故《ゆえ》にかえって気の毒なのである。彼はせっかく偉大なる天分を恵まれていながら、その偉大さを発揮する機会を見出《みいだ》すことができないのである。世には心も優しく肉体も繊弱《せんじゃく》な婦人であるのに、一《ひと》たび夫に先立たれ、赤貧洗《せきひん》うが如き状態に置かれて、数名の自分の子供を自分の力で養わなければならなくなったような時に、どうするかと見ていると、不思議になんとかやって行くのである。人間には、誰でも、いかなる困難な境遇に於ても「何とかやって行く力」が存在するのである。困難が多ければ多いほど、困難の度が強ければ強いほど、その「何とかやって行く力」が増大するのである。最後のぎりぎりまで追いつめられた時には、窮鼠《きゅうそ》却《かえ》って猫をはむような力も湧いてくるのである。況《いわ》んや人間は窮鼠ではない。内に無限力を蔵《ぞう》するところの神の子であるのだ。

どこかに逃げ道があり、誰かに頼るところの助け手があり、人に頼みこみさえすれば助けてもらえると思っているような、依頼心を満足せしめるような環境に於ては、人間の内《うち》に宿る偉大なる力の全量を発揮することはできないのである。吾々《われわれ》は進んで責任ある地位に、困難を快刀乱麻《かいとうらんま》を絶《た》つが如《ごと》き地位に立つことが必要なのである。吾々《われわれ》は環境の「甘やかし」に馴《な》れてはならない、甘いものは吾々の力を麻痺《まひ》するのである。

多くの人たちは、真に責任ある地位におかれない限りは、そのもって生まれた力の全量を発揮することはできないのである。召使《めしつかい》にかしずかれ多くの従僕《じゅうぼく》をおいて、のんびりと生活のできる富豪《ふごう》の子弟が、三代と続いてその創業の祖先のような偉大なる力を発揮し得ないのは、その境遇があまりにも「甘い」からである。それは自分の全能力を発揮せずとも父祖の築いた富と名声と事業との惰力《だりょく》の中《うち》に安易に生活し得るから自分の偉大なる力をひきだす機会に恵まれないからである。そういう意味に於《お》いてかかる富豪の子弟は気の毒であるともいえるのである。

だから諸君よ、諸君がもし富豪の家庭に生まれなかったならばそれを喜べ。諸君は富豪よりも与えられた富は少ないかもしれないが、自己に宿る全能力をしぼりだすために必要なるなおいっそうよき環境に恵まれているのである。吾々の力は、困難と常に戦いながら、それを克服する努力によって養われるのである。

諸君よ、今よりできるだけすべての責任を自分に背負うところの覚悟をもって生活せよ。もし諸君が責任を避けるならば、それだけ諸君の内なる能力をひきだす機会を失いつつあるのである。困難とは何ぞや。困難は困難にあらず。吾《われ》を鍛え、吾《わ》が能力を引き出し、吾が人格の光を輝かさんがための砥石《といし》であると思って、できるだけ困難なる責任を一身にひきうけるような位置を自ら進んでとるようにするならば、諸君は必ず世に立って有《ゆう》為《い》の人物となり、名をあげ、人を救うの人となることができるのである。すべての創意と、縦横《じゅうおう》なる機略と慧敏《けいびん》なる智慧《ちえ》は責任ある地位に立たされてのみ、その充分なる力を発揮することができるのである。安きを求める者は自らの力をくらますが、往《ゆ》いて自ら責任をとる者は自らの力を発揮するのである。

第三章　言葉の力を修練せよ

諸君がもっとも等閑《なおざり》にして、いっこう養成しようとしないでいるところの能力で、非常に重要であるところのものが一つある。それは諸君の「言葉の力」の教養である。もし諸君が自分自身の欲《ほっ》するところを、自分自身の希望を、自分自身の表現せんと欲する内容を、完全明瞭《めいりょう》に、力強くそれを言葉で伝えることができないならば、諸君は人生に於《お》けるもっとも強力なる武器を失うものだと言わなければならないのである。もっとも、人間の言葉は人格の表現であるから、人格を養成しないで、ただ言葉巧《たく》みに自己を擬装《ぎそう》するだけでは、その言葉の調子の奥に虚偽《きょぎ》な浅はかな、何ものかがひびいていて、自己をごまかすことができないのであるけれども、しかし立派な人格者でありながら、ただ席に坐《すわ》っているばかりで一言《ごん》も自己の希望を表現することができないならば、これはまた何という遺《い》憾《かん》なことであろう。多くの人たちは英語会話を習う。あるいは難しい漢文を習う。けれどもなぜ完全に自国語を習おうとしないのであるか。あらゆる種類の技術を習いながら自国語の会話を完全に練習しないということは、まことに、もっとも高貴なる教養を放棄しているといわなければならないのである。

まず対話に際して必要なのは言葉の明晰《めいせき》さである。口の中で何やらもぐもぐしゃべったがその半分もききとれないでいるような曖昧《あいまい》な言葉遣《づか》いをする人もあるが、かくの如《ごと》き人は、自分自身のもっている能力を相手の人に半分も伝えることができないのである。かくの如き人は自分の真価に正札《しょうふだ》をつけないで、半値《はんね》以下の札をつけておくのと同じことである。人から半値以下に見積《みつも》られてしまうのであるから、言葉の力を練習しない人は、真に自分のもっている力の半分以上も世間では買われないことになるのである。特に東北地方や島根県や九州南部の一地方などの人の言葉は、発音が不明瞭であって、大都会へ出てきて自己を表現するに完全なる武器をもっていないような結果になりやすいのである。よろしく少年時代から、はっきりと自分の言葉を発音する練習を続けることが必要である。教科書や、小説の中の名文や、時事問題を論じた論説などを標準語の示す発音に従ってはっきり明晰に朗読する練習を積むことが必要である。

名文を朗読するということはいろいろの利益がある。それは明晰なる発音の練習になるばかりでなく、美しき言葉の表現法を覚えるのである。自己の欲するところを相手に完全に理会《りかい》せしむるための豊富なる語彙《ごい》を覚えるのである。一つの事物でもその形容のしかたによって美しい光を放つのである。その人の語る言葉が光を放って人を魅了《みりょう》するようにならなければならないのである。「あの人と話していたらいつの間にか釣りこまれる」というようにならなければならないのである。「あの人の言葉には魅力がある。あの人と話していると何となく楽しくなる」というようにならなければならないのである。もし諸君が真に巧《たく》みなる話術に到達するならば、諸君はそれだけでもすでに人生に於《おい》て勝者となる資格があるのである。いかに才能がなくても話術が巧みであるならば、諸君の周囲の人たちは諸君の要求を、諸君の欲するとおりにきいてくれるであろう。かくて諸君は運命の支配者となる。周囲の人たちは諸君の心のままに動くのである。

世の中に雄弁家が少ないのは、雄弁術というものを修練しないからである。一般の人々の言葉の貧弱さよ。彼らの対話に使う言葉は、ただ行きずりに偶然の機会に、どこかで拾《ひろ》いあげて来たボロボロの言葉のよせあつめでできているのである。もし諸君が、往来《おうらい》で偶然に拾いあげてきたがらくたを応接室のテーブルの上に陳列してお客さまを接待するとしたならば、そのお客さまは大いに感銘してその歓待を喜ぶであろうか。吾々《われわれ》の応接室には立派な絵画をかかげ、華麗な置物を飾り、美しき花を生けて客人を迎えるのである。しかしこれらの掛額《かけがく》や置物や生花などは要するにその人そのものではないのである。だからそれらが少しくらい粗末であっても、大いにその人の人格を落とすということもないのであるが、その人自身の話す言葉は、その人自身の人格の表現である。だから、それが粗末であればその人の人格はお粗末であると見られ、その人の話す言葉が豊かであればその人の人格が豊富であると見られるのであり、その人の話す言葉が貧弱であるならば、その人の人格そのものが貧弱であると見られるのである。

だから吾々は、往来で偶然拾ってきたような貧しい言葉や、ぞんざいな言葉を使ってはならないのである。吾々は常にすぐれたる文章家の書いた立派な創作をよみ、論文をよみ、そこよりもっとも美しく巧みなる内容深き言葉を探してきてそれを自由に駆使《くし》するようにしなければならないのである。名文を常に朗読するということの必要はかくの如《ごと》きところにもあるのである。名文を常に朗読する時にはその文章のもっている言葉のリズムが自分の心に深く印象せられて心にレコードを作るのである。そしてその次、偶然話す機会があるときでも、かつて朗読したことのある名文の雰囲気と語彙《ごい》の豊富さがそこに現われてくるのである。吾々の読むところの言葉が自《おのず》から吾々の日常話す言葉となってくるのである。英語を常によんでいる人の会話のなかには自から英語の単語が混《ま》じってくるし、外国語的な表現法が自から使われるようになるのである。されば常に立派な名文を読むことは、その名文の有する美点を自分の言葉の中に吸収することになるのである。偉大なる理想をもち、遠大なる計画を心に描きながら、人に会って、その理想を語り計画を説明しようという時になって、どう話していいかわからないでへどもどするようなことでは、何という残念なことであろう。理想と計画の上では、一大勇者でありながら、さてそれを話そうとすると、臆病《おくびょう》な一寸法師か唖者《おし》のようにだまりこくって縮み上がってしまうとしたならば、何という残念なことであろうぞ。自分自身の能力の十分の一も人に知らすことができないならば、まことに無限の能力をもちながらも、宝のもちぐされといわなければならないのである。

世界的に有名なる学者であるという栄誉のもとに晩餐会《ばんさんかい》が催されて諸君が招待されたとせよ。諸君がその席に於《お》いて一語も発することができないで、衆人環視《かんし》の中《うち》に、ただ赤くなったり青くなったりしているならば、それは、まことに残念なことであるといわなければならないのである。

諸君は話術を学ばなければならないのである。

諸君は雄弁になるためには発音が明晰《めいせき》であり、語彙《ごい》が豊富にならなければならない。更に必要なのは、自分は雄弁であると信ずることである。信ずれば信ずるとおり雄弁になることができるのである。かりにある人を催眠状態にして「汝《なんじ》は何某《なにがし》という雄弁家である。今議政壇上に立って滔々《とうとう》と演説しているのである」と暗示を与えるならばその人は真に何《なに》某《がし》の如《ごと》くなって雄弁に滔々と演説を始めるのである。それと同じことであって、諸君はまず「自分は雄弁家である」と信ずることである。なかなかそんなことは信ぜられないという人があるかも知れない。何人《なんぴと》も最初の経験の前には不安をもって戦《おのの》くのである。実際自分が雄弁家であるかどうか試してみたことがないのであるから、さてしゃべれといわれると「しゃべれるかどうか」と思って恐怖が先に立ってしゃべれなくなるのも無理がないのである。そこでしゃべる練習をすることが必要である。何遍《なんべん》もしゃべってみて自分は充分しゃべれるという自信がついたならば、誰でも雄弁に話すことができるのである。ある人は丘に登って、早暁《そうぎょう》誰も寝静まっているときに、遠慮なくできるだけ大きな声を出して天地に向かって演説の練習をしたという。ある人は波濤《はとう》に向かってその濤々《とうとう》たる波音を圧する如き大いなる声を出して演説をする練習をしたという。すべて舌および唇の練習は、筋肉練習であるが故《ゆえ》にタイプライターをうつことと同じことである。練習しないで完全に自由自在にしゃべれるということはあり得ないのだということを知って充分練習することが肝腎《かんじん》である。最初はかくの如く人を相手とせず大自然に対して演説する修練を積んだ後に、今度はできるだけ、機会あるごとに、大衆に向かって話すように稽古《けいこ》するのである。いくら英語の本ばかり目でよんでいても、さて英語会話ができないのは、何でも彼《か》でも話す機会をとらえて英語で話すようにしないからであるのと同じく、人に話す能力は、ただ言葉を知っているだけでは話すことができないのである。だから常に機会をとらえてしゃべるようにすることが雄弁家になる第一の条件であるのである。

度重《たびかさ》ねれば恐怖がなくなるということは真実である。最初は多勢の前に立って話そうとする時に、顔が赤くなったり、身体《からだ》がぶるぶるふるえて来たりしてきた人でも、敢《あ》えて勇気を鼓舞《こぶ》して多勢の前で話す機会を度《たび》重ねている中《うち》には、演壇に立っても大衆が少しも恐ろしくなくなってしまうのである。最初はもやもやとして聴衆の顔が雲か霧かのようになって、はっきり見えなかったのが、一々自分の言葉に対してうなずいたり首をふったりしているところまではっきり見えるようになってくる。もうこうなれば大丈夫である。自分の言葉によって聴衆をうならせたり、感激させたりすることができるのである。人の指導者となり又は代表者となって多くの人類に貢献しようと思うならば、大衆を自由に操縦《そうじゅう》し得るための話術に巧《たく》みにならなければならないのである。

演壇に立って大衆の心をつかむには話者《わしゃ》と聴衆とが一つにならなければならないのである。

聴衆と自分が対立しているようでは真に聴衆を感激せしめることはできない。自分が聴衆の心になってしゃべり自分のしゃべるとおりに聴衆はうなずいたり拍手したり首をふったりするのである。講演者は聴衆の命令者となる。こちらのいうとおりに向こうが動くのである。それはいわば、「合気《あいき》」であってこれは心の修練の問題である。まず心が聴衆を呑《の》まなければならないのである。ちょうど催眠術家が暗示を被催眠者に与えるようにである。

個人の対談に於《おい》ても同じことである。相手を恐れたり恥《は》ずかしがったりしているようなことでは、どんなに能力があっても、それを相手に知らすことはできないのである。だからできるならば、少年時代から人を恐れずできるだけ人前に出て話すような習慣をつけることが必要である。最初はきまりが悪くとも慣れるにしたがって自由に人前で自分の意志を表現することができるようになるのである。ある雄弁家は人に対する場合に相手の人を偉い人だと思うと気後《きおく》れがするから、相手をつまらない人間だと想像して話すようにすれば、自由に自分のいいたいことがいえるようになると教えているのだけれども、このようなやり方はかえって反対効果を招くのである。吾々《われわれ》の想念は波動であるから、もしこちらが、相手を軽蔑《けいべつ》するような念をいだいて話す時には、相手はその軽蔑の念を感じて、こちらに対して好感をもたなくなるのである。したがってせっかく自分がとうとうと弁じ得たにしても、それを相手は感情的に受け入れなくなるのである。だから吾々は個人対談をする時にも、大衆相手に演説するときにも、まず相手は神の子であり、自分も神の子であり、彼と自分とは一体であるから自分は彼に対して好意をもっており、彼もまた自分に対して好意をもっているのであるから、自分は何の遠慮もなく、兄弟のように彼に対して話しかけることができるのである、と念じて、彼に対する恐怖の念はもちろん、隔《へだ》たりの念をとり去ってしまって明るい自由な気持で話すようにするならば、はにかむことも恐怖することもなくなり、何でもいいたいことを相手に対して話し得るようになるのである。

雄弁は一つの芸術であるから、練習なしに雄弁家となることはできないのである。できるだけ機会あるごとに話すように努めることが、英語会話の上達に必須の条件であると同じく、できるだけ機会あるごとに人に話しかけ、機会あるごとにテーブル・スピーチでも何でもうんとしゃべるように練習することである。文章家がその文字を選ぶように、演説にも、会話にも、その用語を選択する習慣をつけなければならないのである。素養のない雄弁は、いくら雄弁であっても、その内容が貧弱であるから、深い感銘を与えることができない。また諸君の包容力がせまい場合には、その見解が狭隘《きょうあい》であるから多くの聴衆の共鳴《きょうめい》を受けることはできないのである。ここまでくると雄弁は単なる技術ではなくなる。すべての芸術がその人の人格を反映しているように雄弁もまたその人の人格を反映するのである。真に人類を愛する心なくして、人類を感銘さすような演説はできないのである。

ある保険会社の有名なる外交員が必ず相手に契約せしめる秘訣というのは、その人の事務所なり自宅なりを訪ねて行くと、まずそこから見える庭の景色なり、事務所にある家具調度等をほめることである。そして相手がほめられて、いい気持になって心を開いている時に、保険の契約を頼み込むのである。するとたいていは成就するといわれている。相手に対して自分の言うことをきかしてやろうと思うならば、まず自分が相手のいうことをきいてやらなければならないのである。ここにも「与えれば与えられる」の法則が行われるのである。美しい庭を作っている人は、心の中で「この庭は美しいでしょう。見て下さい」といっているのである。それに対して「お庭はまことに結構ですね」と挨拶することは、相手が心の中《うち》でいっている要求をきいてやっていることになっているのである。床《とこ》の間に立派な置物を飾っている人は、「この置物は立派でしょう。見て下さい」と心の中でいっているのである。それに対してその置物を立派であるとほめてやるのは彼のいうことをこちらがまず聴いてやっていることになっているのである。さてそのあとで今度は自分のいうことをきいてもらうのである。こちらが狭い心で相手を容《い》れてやることができない場合には、相手もまたこちらのいうことをきいてくれないのである。

ともかく言葉は創造力をもち、言葉は諸君自身の運命に命令を下し、諸君に触れるすべての人々を支配することができるのである。あらゆる人生の武器の中でもっとも必要なのは言葉の武器である。諸君は何よりもまず完全に自己を表現するところの技術をもたなければならないのである。完全に自己を表現するための技術と工夫なき人間は、完全に花咲くことのできない薔薇《ばら》の木のようなものである。今まで多くの人たちはこの能力を養成することを忘れていたために、どれだけ人生に於て引け目をとっていたかも知れないのである。さらば諸君よ、言葉の力を、対談に、講演に、文章に、自由自在に発揮し得るよう年少の頃から修練を積まれんことを希望するのである。

第四章　常に善意を人に与えよ

『生命《せいめい》の實相《じっそう》』の生活篇に、一人の豊かなる国の王子が、どんなに幸福な環境におかれてもどうしても幸福になれなかったので、王様が心配して「この王子を幸福にし得る方法を案出したものには褒美《ほうび》の金は望み次第だ」という布告を発した話が書いてある。すると一人の魔《ま》法使《ほうつかい》がやって来て、その解答を白紙によって示した。そしてその白紙を火鉢の上であぶりだして見ると、「一日一回は必ず人に深切をせよ」と書いてあったというのである。

ここに人間の幸福生活の秘密があるのである。同時にまた成功の心理学があるのである。いかなる豊かなる生活も誰かの幸福に少しも貢献しない限りは決して自分自身が幸福に感ずることはできない。またいかなる仕事も人のためになる何らかのサービスを与えなかったら成功しないのである。ここにも吾々《われわれ》は「与えたもののみ与えられる」という法則が儼然《げんぜん》として行なわれていることを知るのである。

吾々はただ善意を自分自身にもっているだけでは幸福ではないのである。その善意を人に与えた時にのみ幸福になり得るのである。吾々は喜びを自分自身の中にもっているだけでは幸福になれないのである。その喜びを人に頒《わか》ち、人に与え、人に語る時にのみ、本当の喜びが感じられるのである。吾々は富を金庫の中につめこんでおくだけでは富の幸福を味わうことはできないのである。それを出して人を喜ばせた時にのみ、富の幸福が味わえるのである。

ある哲学者が、大学の生徒にこういう問いを発したことがある。

「世界中でもっとも望ましきものは何であるか」というのである。諸君は何と答えんとするか暫《しばら》く自分自身の答えを考えておいて次を読まれたい。

その場合、大学生の間からいろいろの解答が得られたが、その哲学者の採点に最高位を得たものは「善き心情《しんじょう》」というのであったということである。しかし善き心情も自分がもっているだけでは決して自分を幸福にすることも他《ひと》を幸福にすることもできないのである。吾々は善き心情を与えなければならない。善き心情を与えた時にのみ、善き心情がわがものになるのである。

吾々が自分の善意を他の人にできるだけ多く与えて他の人に現実的な奉仕をした時にいかに自分自身の生命が歓喜《かんき》を覚え、生き甲斐《いがい》を感じ、そして自分の能力が倍加するかを知るのである。

吾々はいかに自分自身を与えようとも、できるだけの力を人のために投げだそうとも決して自分自身が減るものではなく、かえって与えれば与えるほど増《ふ》えるという事実を体験するのである。人に与えようと欲《ほっ》すれば自分の力が増加し、自分のインスピレーションが増えてき、自分の富は増加し、与えたよりもいっそう大きなものがかえってくることを体験するのである。

多くの人たちが豊かなる生活を送ることができないでいつもけちな生活しか送ることができないのは、吾々《われわれ》の与えるところの能力が、愛が、智慧《ちえ》が、深切《しんせつ》が足りないからであるのである。吾々はもっともっと、能力と、智慧と、愛と、深切とを人々に与えれば、いくらでも豊富に豊かなる生活を営むことができるのである。

更に吾々が与えなければならないものは、和顔《わがん》、愛語《あいご》、讃歎《さんたん》である。吾々の幸福は、単に物質的富がそこにつまれている倉庫の中に生活するようでは得られるものではないのである。吾々の幸福は和顔すなわち優しき愛情にみちた人々の顔にとりまかれることによって幸福感を味わうのである。そしてそれらの人々が愛語すなわち優しき言葉をかけてくれる。そこに天国のような喜びを地上に見出《みいだ》すことができるのである。更にまたそこに讃歎の言葉が雨降ってくる。人は誰でも認められたくないものはない。賞《ほ》められたくないものはない。認められ、賞められ讃歎の声が花弁《はなびら》の降るようにさんさんと雨降ってくることによって、そこに地上天国が実現することになるのである。諸君自身がこのような和顔愛語讃歎を求めるならば、また自分自身も、和顔愛語讃歎を人々に与えるようにしなければならないのでる。「与えたものだけが確保せられる」のであって与えないものは消えてしまうほかはないのである。

諸君よ、諸君はただ現象に捉《とら》われて外見のみを以《もっ》て人々を誤解してはならないのである。吾々は、現象を超え、五官の眼を以て人の欠点や、性癖や、失策等を見ることをやめ、その人の中《うち》に宿るところの「神」を見なければならないのである。もし吾々が「神」をすべての人に於《おい》て見ることができ、いかなる卑《いや》しき人の間にも愛深き神を見出し、いかなる臆病者《おくびょうもの》の中にも勇敢無比なる神を見出し、いかなる放蕩《ほうとう》の夫の内にも、貞節慈愛の神を見出し、いかなる不良の子供の内にも善良優秀なる神を見出すことができるならば、たちまちこの世界は地上天国と変貌《へんぼう》してしまうのである。

多くの人々は五官の眼に捉われて実相を見る目を盲目ならしめ、利益の掛引《かけび》きのみに心を使って人を倒して自分だけが勝利を得ようとしているものであるから、自分もまた人から押し倒されて不幸を見るよりほかはないようになっているのである。

吾々の人格の高さは、人の悪を見る目の鋭さによって得られるのではないのである。悪を見る代《かわ》りに善を見、冷酷《れいこく》を見る代りに愛情を見、虚偽《きょぎ》を見る代りに真実を見、利己を見る代りに愛他を見、全人類を見るのにすべて「神の子」であって完全円満であると見得る程度にしたがって、吾々の人格はそれだけ高くなっているのである。

誰でも全然失敗しないで成功する取引きをしようと思うならば、まず自分から「善意」

を与えることである。「愛」を与えることである。「深切《しんせつ》」を与えることである。そして目に見える悪の奥に善なる相手を見、それに対して和顔愛語讃歎《わがんあいごさんたん》を与えることである。かくの如《ごと》き、善き贈物を与えることによって、吾《われ》らは決して損をするということはないのである。全世界は政治上に、あるいは経済上に大いに貢献した人のために光栄ある頌徳碑《しょうとくひ》を建てるであろうが、魂の世界に於《お》いては、善意と愛と深切と和顔愛語讃歎とを与えた人のために天国浄土を建設してその人を迎えてくれるのである。

第五章　困難に面して伸びる精神力

多くの人たちは困難の中をくぐりぬけることによって、自分を鍛え上げて人生の勝者としたのである。人類がすべての生物の中でもっともよく発達したものであるというのも、獣《けだもの》やそれ以下の動物ではとうてい克服し得ないような困難を克服したからこそ、かくの如き発達を得て生物の王者となることができたのである。

困難と見ゆるもの、敵対者と見ゆるもの、それらはすべて味方である。悲しみと見ゆるもの、不幸と見ゆるもの、それらは悉《ことごと》く悲しみではなく不幸ではなく、吾々の魂に深い味わいを与えてくれる調味剤であるのである。

クリミヤ戦争の時に一個の巨弾がその城壁《じょうへき》内に命中して爆発し、美しい庭園を破壊してしまった。ところがその破壊された裂《さ》け目から滾々《こんこん》として清冽《せいれつ》な清水が湧きでて来たのである、そして今もその噴泉《ふんせん》は旅人の目を喜ばせ、景観の美を加えているということである。醜《みにく》い不幸の裂け目から美しい人生の物語が生まれてき、たとえようのないやさしい心情が芽ぐんでき、神の如き愛が実現するのである。

吾々《われわれ》は現象に於《お》ける不幸を不幸と思ってはならないのである。多くの人の中《うち》、現象界に於《お》いてあらゆる持物を失ってしまったために本当の自分を見出《みいだ》した人もあるのである。圧搾《あっさく》機《き》は菜種《なたね》の種子から純粋の菜種油をしぼりだすのである。人生の幸不幸は外からやってくるものではなくして、外からやってくるものをいかに受けるかにあるのである。それを感謝して喜びうける者には、苦痛が苦痛でなくなり、困難が困難でなくなり、それをもって自分の魂を磨く研磨剤となし、それが結局、自己を成功さす土台となすことができるのである。凡《すべ》ての栄養物を隆々《りゅうりゅう》とした美しき筋肉に変化するのは吾々の腕に荷《か》せられたる重荷である。魂が美しく発達するのも、あらゆる場面にのぞんで機略縦横《きりゃくじゅうおう》なる機才《きさい》が発達するのは、安易な生活からではなく人生の重い責任を喜んで果たすことによってである。

困難は困難に相次いで、もう行きづまったと見える時にこそ、かえって解決の曙光《しょこう》が見えているのである。丑満時《うしみつどき》はもっとも暁《あかつき》に近いのである。有名な発明家のいうところによれば、もうとてもこれはだめだと行きづまってしまった時に、忽然《こつねん》として道が開けて新しき発見をすることができると述べているのである。

スキーは滑り降りた時に昇る力がよび出されてくるのである。傷ついた時に治《なお》す力が出てくるのである。あこや貝はその貝殻に受けた傷を玉成《ぎょくせい》して美しき真珠を造るのである。かくの如《ごと》く外からの圧迫や刺激や重圧は自分の中《うち》にひそんでいる偉大なる力を目覚めしめて、かえってその人の人格を玉成するのである。

獅子《しし》はその子供を断崖絶壁《だんがいぜっぺき》よりつき落として自己の中《うち》に宿るところの百獣の王となるべき力をよびさますのである。鷲《わし》の雛《ひな》はその翼が辛《かろ》うじて飛翔《ひしょう》に堪《た》えるようになった時に、その親鳥は巣をひきさいて鷲のひなをその巣から突きおとすのである。かくて鷲のひなは百鳥の王として、猛鳥として、他の鳥を捕獲する力をよびさますのである。

人間の子供もあまりに温《あたた》かく真綿《まわた》で包まれているような生活に於《お》ては本当の力を発揮することはできないのである。富豪の子弟に不肖《ふしょう》の子が生ずるのもそのためであり、貧家に天才の生まれるのもそのためである。神は決して不必要なものを人間に与え給《たま》うことはないのである。困難がその人に面して来るのは、その困難によってその人になおいっそう多くの智慧《ちえ》がひきだされるか、なおいっそう大きな力がひきだされるか、なおいっそう多くの愛がひきだされるかの機会として与えられるのである。ダイヤモンドはその純粋にして硬度の固きものほどそれを磨き出すためになおいっそう多く摩擦を必要とするのである。人格の光も多くの外界との摩擦によって輝くのである。しかし弱き人格は摩擦によって砕《くだ》けることもあるであろう。諸君が真にダイヤモンドかあるいはがらくたの人格であるかを試すのは摩擦によってである。しかし人間の本性は「神」であるからがらくたの人格等は本来存在しないのである。ただ自分をがらくたただと信じているもののみがらくたの如く現われるのである。真に自己の不滅の神性を信ずるものは、摩擦によって、困難によって、その光を増すのである。セルヴァンテスがその名著『ドン・キホーテ』を書いたのはマドリッドの獄中であったといわれている。彼がその最後の一章を書くための紙を手に入れることができないので、革のけずり屑《くず》の上に原稿をかいていたとき、ある富《と》めるイスパニヤ人が、彼に紙を供給してあげようと言うと、セルヴァンテスはそれを拒絶した。そしてこういったとつたえられている――

「天は自分になくてはならぬところの重荷を取り去ることを禁じ給《たま》うのだ。世界を富ましむるものはこの自分の貧しき逆境である。」このセルヴァンテスの言葉は、多少受難礼讃《じゅなんらいさん》の気味《きみ》があって、すなおに神の無限供給を受け得ない恨《うら》みがあるが、吾々《われわれ》は温かき寝床にいつまでも寝ているよりも、強《し》いてたたき起こされて、冷たい水で顔を洗わせられるとき、自己の魂が目を覚ますのである。社会的な、あるいは経済的な圧迫や迫害はかえってその人に内在する能力を目覚めさせてくれることが多いのである。『ロビンソン・クルーソー漂流記』も獄中の作品であるといわれている。バンヤンの『天路歴程記《てんろれきていき》』もベッドフォードの獄舎で書かれたのである。ウォルター・ラレー卿《きょう》の『世界の歴史』という著述は十三年間の獄中生活中に書かれたものである。ルーテルはワルトブルクに幽閉《ゆうへい》されている中《うち》にバイブルを新訳したのである。ダンテの『神曲』は長き追放生活の中《うち》に、そして死刑の宣告を受けてからもその執筆をやめずに書かれたのである。

全世界の歴史を通じて困難と圧迫とは多くの人々からその天才をしぼり出さしめ、偉大なる業績《ぎょうせき》をなさしめているのである。ユダヤ人の歴史は亡国と、圧迫と、多民族からの排斥《はいせき》等から成り立っているといえるけれども、その中から彼らは驚くべき宗教を完成したのである。その圧迫の中《うち》からこそ、モーゼや、ダビデや、ソロモンや、ダニエルや、イエス・キリスト等が輩出して全世界の人々の魂を富ましたのである。彼らは近代に於《お》いても、フロイドやアインシュタインやその他無数の科学界、哲学界、心理学界等に於て驚くべき業績をあげているのである。彼らの生活力の強さは石の上さえも花ひらく岩躑躅《いわつつじ》のようであるが、その力は困難が彼らに与えたところのものである。彼らにとっては困難は春の朝の霜《しも》のようなものである。それは却《かえ》って害虫を殺し、しかも麦の分蘖《ぶんけつ》をうながし却ってそれを栄えしめることになるのである。

ベートーヴェンの多くの晩年の作品は彼がほとんど肉体の耳聾《し》いて悲しみの涙の中《うち》に綴《つづ》られたものである。シルレルの多くの著作は十五年間も続いた激しい病軀《びょうく》の中《うち》で書かれたのである。ミルトンの『失楽園』その他有名な著述は彼が貧乏で、そして病気でしかも盲目になってから書かれたのである。僅《わず》かの苦しみや困難や生活のために何事をもなすことができないと退嬰《たいえい》してしまうものはこれらの人々に恥《は》ずるがいいのである。すべての困難を自己練磨《れんま》の機会として感謝して受け、それによって自己を磨くものは、一つ一つの困難そのものが成功に到る踏石《ふみいし》となるのである。

第六章　永遠に進歩する人となれ

流れる水は腐らず、停滞《ていたい》する水は腐るのである。いかなる仕事に従事するも、その現在の状態に満足しきって安きをむさぼるものは遂《つい》にその生命が腐るのである。キリストは「汝《なんじ》ら常に目を覚《さ》ましておれ」といい、「神は今に至るまで働き給《たま》う」といっているのであるが、常に心の眼を覚まして、自分の生活を、自分の仕事を常に改善向上せしめようと努力する者は進歩するが、然《しか》らざるものは退歩するほかはないのである。人生は向上か退歩かいずれかであって、中途半端《はんぱ》に静止することはないのである。

青年よ、諸君は常に生活を、仕事を、仕事のやり方を、身辺のあらゆる事物を常に改善すべく心の目を覚まして、注視していなければならないのである。

いかなる人間も、もうこの程度で結構だということはないのである。諸君はある一つの水準まで達してそれ以上に進むことができないとあきらめてしまう必要はないのである。諸君自身の能力のみならず諸君の仕事のやり方や、商売の経営の仕方等も、これ以上改善の仕方がないというような、絶対進歩の行きどまりというような頂点は存在しないのである。吾々《われわれ》は時々刻々《じじこくこく》あらゆる機会に自分の能力を改善し、自分の仕事のやり方を改善し、その経営方法を改善しなければならないのである。これで満足だという自己慢心の境涯《きょうがい》に達した瞬間、諸君の進歩は停止し、改善の見込みはなくなり、腐敗と頽廃《たいはい》との第一歩に入るのである。

毎日その日の出発にあたって、今日は何かを改善しようと、必ず決意せよ。諸君の書斎を、工場を、会社を、店舗《てんぽ》をいかに改善しようか、何か改善の余地はなかろうかと、常に改善せんと決意せる者は必ず何か改善の余地を見出《みいだ》すのである。神は創造の神である。創造の神は同じ状態に停滞することを嫌《きら》い給うのである。常に新たなる一歩を加えよ。それが流るる水の生活であり、腐らない生活であるのである。もしなんら進歩をしなかった人と、毎日何かの改善を心掛けていた人と、一年後に比較してみるならば、その相違が実に雲泥《うんでい》の如《ごと》きものであることを発見するであろう。

諸君よ、永遠に進歩する人となれ、世に立ってなすことなく凡庸《ぼんよう》の生活を送って、そのまま死んでしまったような人は、きっとその生活を進歩せしめなかった人に違いないのである。日々自己を改善し、自己の能力を改善し、自己の仕事を改善する人は必ず他の世の人々にぬきんでて輝かずにいられないのである。彼は必ず有為《ゆうい》の人として人から尊敬されるようになるのである。かくの如き人々は自分が人にぬきんでるばかりではなく、周囲のなまけている人々を感化して、その眠れる能力を呼びさますのである。かくの如き人が社長となるときには、その感化によって、従業員全体が向上心に燃え、自己改善心に燃え、従業員の能率全体が向上し、その社が繁昌せずにいないのである。すなわち彼は周囲の人たちにとってのインスピレーションの源泉となるのである。

諸君が世にすぐれたる何事かを成《な》さんと欲《ほっ》するならば、競争者の出現を恐れてはならないのである。競争者は自己の能力のあらゆる限りのものをしぼりだしてくれるために大いなる力となってくれるものである。吾々《われわれ》は競争者を恐れてはならないのである。また憎んでもならないのである。野球の選手は自分のチームばかりのみで練習しているのでは最大の進歩をなすことはできないのである。必ず対抗試合を為《な》すべき相手が必要であるのである。対抗競技によってのみ選手の最後の力のぎりぎりまでがしぼりだされ、その次の競技の時にはなお一段その技《わざ》の発達を見るのである。

人間神の子というのは、自分自身で自己満足をなすことではないのである。人間神の子とはどれだけでも自分の中《うち》に力が宿っているのであるから、対抗者が現われれば現われるほど、対抗者以上の力がでるということを意味するのである。対抗者が強いほど、自分からしぼりだされる力も強くなるのである。これは必ずしも野球の競技のことばかりではないのである。同じ事業でも商売でも同種の業者が現われれば現われるほど、自分の事業を改善する努力と智慧《ちえ》は現われるのである。

有名なる雑貨店の支配人が私にいったことがある。彼はある中都市に於《おい》て最も繁昌している雑貨店を経営しているのであるが、彼は必ず月に一回は上京して、東都の最近流行の様子を知り、店舗の飾りつけからその経営の様子まで、新しい空気を吸うように努めているということであったのである。彼のいうには、自分の店が二流、三流の店におちないためには、是非《ぜひ》ともこうして流行界の最も新しき空気を吸い、事業経営に日進月歩の新機軸を出すように努めなければならないのであると。

だから彼の店舗には常に新しき理想がみち、新しい空気が漂い、なんとなく客がそれにひき寄せられるのである。ショーウィンドゥの品物の列《なら》べ方《かた》には毎日新しき工夫がこらされているのである。こうして彼の店は毎日毎日新しく流れる水のようにくさることなく、毎日毎日新鮮な空気にみたされているのである。

ひとりよがりでいることは自分の向上進歩にとっての敵である。競争者と比較してみることによってのみ、吾らは自分の欠点に気がつき、それを改めることができるのである。店員の不注意や不作法さも、常に自分の店で見なれている時には、それほど自分には気がつかないことであっても、それに見なれない、初めて来る顧客《こきゃく》には、はっきりとその欠点が目につくのである。そしてその店員の不注意や不作法さや不深切《ふしんせつ》さにあきれてしまって、「あんな店へは二度とよりつくまい」などと考えたりするのである。

井の中の蛙《かわず》で威張《いば》っていては本当のことはわからないのである。吾々は井の中を出て、他山《たざん》の石を鏡として自己を省《かえり》みる時、はじめて自分の欠点が、大写しに写しだされて、

「これは悪かった」と気がつくのである。だから吾々《われわれ》は常に人のふりみてわがふり直す広い雅量《がりょう》をもたなければならないのである。吾々は自己の中《うち》にのみとじこもっていて、外から光の入ってくることを拒《こば》んではならないのである。自己の本当の力を自覚せしむるものは、対象とすべき他のものによって比較されるということである。特にこれから自己を大成せんとする者は他と自分とを比較して、その長《ちょう》をとり、自《みずか》らの短《たん》を補《おぎな》うように心得なければならないのである。

人間の肉体が生きているのは、その体内を流れている血液が常に新しく活力が満ちているということである。それと同じく諸君の仕事がいっそう立派となり、諸君の事業がいっそう繁栄せんがためには、その仕事に、その事業に、流れている精神が新しく活力が満ちていなければならないのである。

私はある人に、自分がお客さまになって、その店へ入ってきた時に、都合がいいか、気持がよいか、自分自身がお客様のつもりで考えてみてその店を考えてみよと教えたことがある。自分がお客さまになって見なければお客さまの気持はわからないのである。経営者に都合のいいことばかり考えていたのでは、その店の経営は成りたたない。お客様を喜ばす本当に深切《しんせつ》な心持を以《もっ》て、お客様の気持になって、お客様の都合のよいように奉仕すべくその店を毎日いっそう改善し行くことによってのみ、その店はいよいよ繁昌することになるのである。

多くの店舗の従業員たちはその店から自分の自宅に帰る時に、ただ一日の仕事に疲れてしまって、いかにこの店を改善すべきかということについては、なんら考えることもなしに自宅に帰ってしまうものであるが、これは大変惜《お》しいことである。その店を出る時にまたは入る時には、お客さまをいかにすれば喜ばすことができるか、いかにすればサービスの道にかなうかということを熱心に考えながら、常に一歩一歩その店の経営ぶり、奉仕ぶり、陳列《ちんれつ》ぶり、客あしらいぶり等に新しい工夫をこらすことによってのみその店は常に他にすぐれて繁栄することができるのである。旧態依然《きゅうたいいぜん》たるものはとり残されるほか仕方がないのである。進歩が宇宙の原則であり、いよいよ新しくなることが神の法則なのである。今繁昌しているからといって、いつまでも同じ経営ぶりを持続しているようでは他の全てのものは進歩しているのであるから、結局自分が敗北する外《ほか》はないのである。常に他の店の新しき経営ぶりを観察して、それを他山《たざん》の石として自己を磨き、常に新しき光の下《もと》に、新しき構想をめぐらして、あらゆる点に自分の業務を改善して向上するものでなければ永遠の繁昌を期待することはできないのである。

見よ、人体の生理作用を。人間の血液は常に間断《かんだん》なく循環し、常に陳《ふる》きものは排泄《はいせつ》され、新しき細胞は形成され常に全身が新しくなることによってのみ吾々は強健でありすこやかであるのである。いかなる職業もいかなる営業も、一個の有機体であり、一個の生き物であるから人体と同様に常に陳腐《ちんぷ》な旧《ふる》いやり方をすてて、新しき構想と新しき方法と新しきアイディアとによってその経営方法を改善することによってのみ、吾《われ》らの業務は常に今も未来も永遠に繁栄の道を歩むことができるのである。

しからば新しき構想はどこから湧いてくるか。新しきアイディアはどこから天降《あまくだ》ってくるであろうか。それは同業者の新しき競争に刺激されてより新しきものを考案しようという熱意をおこすことによってである。吾々は競争者が現われてくれることを喜ばなければならないのである。競争者は一種の刺激剤であり、向上に対して拍車をかけてくれるところのものである。吾々は競争者の現われることを悲観的に考えてはならないのである。吾々は競争者に感謝し、競争者と共になおいっそう向上の道を歩むべく決意し、新しき構想を練り出さなければならないのである。

常に田舎《いなか》にいる人が都会へ出てきた時にはそのあまりにもテンポの早い進歩の状態に目まぐるしいほどの驚きを感ずるのが普通であるが、さて常に田舎におる人には、自分の陳《ふる》いことが自分自身に気がつかないのと同じように、常に自分の店舗の中《うち》にのみ生活していたり、常に自分の同じ団体の中《うち》にのみくらしていたりすると、もう自分自身の周囲の状態が、これ以上改善の余地のないもののように自己満足におちいってしまって、改善すべき余地が、各方面にありながらもそれに気がつかないで見逃してしまい易《やす》いものである。諸君よ、停滞せる水はくさるのである。宇宙の原則は進歩にあるのである。人間がこの世に生まれたる目的は、ある営業を完全に営むというような小さな問題ではなく、自己が永遠に進歩し、自己の生命が永遠に発達するということである。さればいかに現在の営業状態がまた業務の状態が完全であろうとも、吾々は新しき構想を練り、新しきインスピレーションを受けて進歩改善しないでもいいというようなものではないのである。

小さき改善と雖《いえど》も見逃《みのが》してはならないのである。常に改善するときには、小さき改善は集積して偉大なる光を放つのである。雑巾《ぞうきん》で廊下をただ一回拭《ふ》くというだけではほんの小さき改善であって、たった一回廊下を拭いたくらいでは目立つほどには美しくはならないのである。けれどもその目にもつかないような改善を一年三百六十五日つづけて行くことによって、その廊下は美しく輝きだすのである。吾々は小さき改善の集積の力を知らなければならない。これは必ずしも廊下の清掃や日々の業務の改善のみではないのである。毎日の進歩と向上とは各人の人格の光を常に増すのである。かくてより新たなる力と、美しさと、緻密《ちみつ》なる思いと、おもんばかりと、大きい心とが養成されるのである。諸君の書斎に、あるいは店舗に、あるいは事務所に、あるいは工場に「吾《われ》必ず毎日何事かを改善す」という標語をかかげてこれを実行せよ。その人は永遠に進歩し発達し、魂は磨かれ人格は向上し、業務は繁栄するであろう。

かく決意したならば、更に諸君はその改善の新しき構想を、新しきアイディアを、単に頭脳の力からではなく、「なおいっそう大なるもの」から受けなければならない。神の叡《えい》智《ち》に諸君の間断なき進歩の源泉を求めよ。永遠に進歩の原則なる神にそれを求めよ。しからばいかにすれば神の叡智《えいち》に結ばれることができるであろうか。それは祈りと神想観《しんそうかん》とによってである。常に朝おきた時と眠りに入る直前とに静かに坐《ざ》して次の如《ごと》く念ぜよ。「吾《われ》は永遠に進歩の原則なる神より無限に新しきアイディアを受けて常によりよき方法と道とを発見するのである。吾は進歩である。吾は改善である。吾は永遠の向上であり、繁栄である。」この種の言葉を幾回もくりかえし精神統一に入り、あとは実際生活中に湧《わ》きでてくるところの改善の構想に任せればいいのである。

第七章　須《すべか》らく自己独自の人となれ

世界は勇者を讃歎《さんたん》し臆病《おくびょう》なる者を軽蔑《けいべつ》してなおいっそう低き所にたたきおとすのである。諸君は前進する勇気を持たざるべからず。しかして「ここに一個の勇者あり」と宣言せよ。自己の前に炬火《きょか》をともして勇敢に進軍せよ。「ここに吾あり」ということを示せ。燈火《ともしび》を枡《ます》の下に隠すな。自己の光を燈台の上にかかげよ。燈台を目指して港には多くの舟が集まってくるであろう。そして諸君は多くの讃歎者と協力者とをそこに見出《みいだ》すのである。

諸君が人生に生まれ出《い》でたるは何らかの諸君自身の使命があるからである。されば諸君が何事をなすにしてもいかなる方面に進むにしても他に追随《ついずい》することのみを以《もっ》て足《た》れりとしてはならないのである。自己をかかげよ。模倣《もほう》してはならない。前にあの人がやったのだから、そしてあの人が成功したのだからそのとおりをやればよいなどと考えてはならない。先人のやり方には無論他山《たざん》の石として参考とすべき多くのものがあるのである。それを悉《ことごと》く捨てるのは賢《かしこ》き業《わざ》ということはできない。しかしながら先人の業績や、方法や、技術や、考案……等々を以《もっ》て足れりとなしてはならないのである。諸君はその上にさらに一歩、否《いな》百歩も千歩も前進しなくてはならないのである。先人の足跡《あしあと》の上に、新たなる諸君自身の足跡を印《しる》しなければならないのである。前人未発の新しき諸君自身の足跡が、その上に印せられることによってのみ、諸君がこの世に生まれたる意義もあり、甲斐《かい》もあるのである。諸君自身の向かう道を発見し、自分のプログラムを設定し、自分自身の道に於《おい》て偉大なる巨歩を進めなければならない。

諸君よ、今決心せよ。何事をなさんと欲するにも、事の大小に拘《かかわ》らず自己創造の生活を生きんことを決心せよ。他人の真似をして、他人の生命が、他人の智慧《ちえ》が、他人のアイディアが諸君の肉体に生きたからといって何になろう。諸君の個性は神からの授《さず》かりものである。あらゆる生き方に諸君自身のものがなくてはならないのである。模倣《もほう》は諸君自身の死であり、降服である。自己創造のみが自己の生きることであるのだ。

薔薇《ばら》は薔薇の花を開く。藤は藤の花を開く。梅は梅の花を開き、桃は桃の実を結ぶ。それぞれの個性に於て彼らが生きることが彼らの使命であるのである。薔薇が藤を模倣し、梅が桃を模倣したとてそれは自己の生活でもなければ人生によきものを加えるわけでもないのである。諸君には諸君でなければできないところの特殊なる「あるもの」を与えられているのである。それは諸君の顔貌《かおかたち》が各々《おのおの》一人一人異なる特徴を以て造られているが如《ごと》くにである。諸君になくてはならぬ各々の顔貌《かおかたち》の如く、人間にはいろいろ異なる使命があるのである。人を模倣してはならないし、また他の人を自分の欲《ほっ》する方面にねじまげようと思ってはならないのである。

完全に自己自身を自由ならしめよ。習俗を以て自己を縛るな。伝統を以て自己を縛るな。汝自身《なんじ》を汝自身そのままであらしめよ。世界には多くの模倣者、追随者、食客者、剽窃漢等《いそうろう》《ひょう》《せっかん》が充満しているのであるが、そのようなものは決して最後の勝利者となることはできないのである。世界は伝統には飽《あ》き飽きしているし、陳腐《ちんぷ》なるものには今さら新鮮な興味をもっていないのである。新しく生まれたる人間が、旧態依然たる生活を生活するが如きは、彼の新しく生まれたる使命に対して忠実であるということはできないのである。新しきものには魅力があるが、旧《ふる》きものには魅力がないのである。それは髪飾《かみかざり》にしても服《ふく》飾《しょく》にしても、同一である。常に人類は新しきものを求めているのである。されば、諸君はせっかく新しくこの世に生まれ出でたるにもかかわらず、旧態依然たる生活を送ろうとするが如きは、全く無意義なことといわなければならないのである。

巧みなる猟師《りょうし》は、人の踏みつけた道を歩まないのである。人の踏みつけた道には大いなる獲物《えもの》はいないのである。前人未踏《ぜんじんみとう》の深山幽谷《しんざんゆうこく》にわけ入ってこそ大いなる獲物を得ることができるのである。世界は前人未踏の新領域から得られる獲物に対して興味を持っているのである。医界に於ては、新しき治療法が迎えられ、教育界に於ては、新しき教育法が喝《かっ》采《さい》される。宗教も新しくならなければならないのである。誰かが過去に於て解釈した聖書のものの見方や、仏教経典の解釈の仕方そのままを祖述《そじゅつ》するだけでは、世界は何の興味ももたないのである。新しき宗教は新しき神を見出《みいだ》さなければならないのである。先人の述べた教義の口移しでは新しき時代の人々を救うことはできないのである。世界は今新しくなろうとしており、新しき自己の生活からにじみ出た体験の宗教のみが、本当に新しき世界の人類を救うことができるであろう。新しき道を歩むことを恐れてはならないのである。独立独歩、自己自身のほか何ものでもないところの新しき人となれ、かくの如《ごと》き人こそ、新たにこの世に生まれた存在理由があるということができるのである。

諸君は自分自身そのものにならなければならないのである。諸君は先生や父や祖父や先輩や有名人の生き写しになってはならないのである。諸君でなければならないところの独創的な知能を啓《ひら》き、独特な天分を発揮し、個性ある風格をそなえなければならないのである。もし他のものを模倣《もほう》する以上に何ものもないならば、その人は世界にとって存在理由はないのである。それは全く複製の印刷物か、焼増《やきま》しの人間にすぎないのである。諸君は複製の印刷物や焼増しの人間になってはならないのである。

もし諸君が他の人のやり方で真似《まね》て成功したからといって、それは真の成功ではないのである。事業が大きくなるとか、金が集まるとかいうことは、「生命」にとっては真の成功ということはできないのである。「生命」に於《お》て成功とは、独創なるものを自己創造し得た場合にのみいい得るのである。他の人のやり方が「自分」に於て成功しても、「自分」

は成功の「場」であって、その「場」に於て成功したのは「他人」なのである。だからかかる成功は真にその人の成功ということはできないのである。自分自身を単に他の人が成功する「場」に提供してそして自分自身が成功したと考えてはならないのである。誰でも自分自身を自分自身に於て生かさなかった程度に応じてその人は失敗しているということができるのである。真の勝者は自分が自分で自分の主人公とならなければならない。自分が自分で自分の主人公であるところのものは常に新しいのである。汝自身《なんじ》を知れ。自己が何ものであるかを知れ。自己の中《うち》からささやきかける本当の使命感に忠実であれ。

諸君がいかなる方面に進もうとも、いかなる学を修めようとも、いかなる業務にたずさわろうとも、旧態依然《きゅうたいいぜん》たるままでそのままでは完全であるということはないのである。どこにでも新しき改善の道が、諸君でなければなすことのできない、また見出すことのできない個性ある改善の道が存在するのである。新しき個性ある進歩によってのみ社会のあらゆる物は進歩するのである。新しき美術、新しき音楽、新しき文芸、新しき教育、新しき経営法、……等によって世界は常に新しき美と栄えとを実現しつつあるのである。世界を新たならしめるところのものは新しき人間である。新しき人間より出《い》ずるところの新しきアイディアである。それのみが世界を新しく創造するのである。かかる新しき創造力を有する人のみが世界から歓迎される。なぜなら世界は自《みずか》ら新しくならんことを欲《ほっ》しているからだ。

仮にここに業務発展上の広告技術について考えてみるにしても、世間並みの同じ形の広告ばかりしてみたところが目をひくことはないのである。独創的な今までにない広告であってこそ多くの人々の目をひくことができるのである。ショーウィンドウに飾る商品の陳列方法一つにしても、どこの店とも同じものを列《なら》べているようでは、人の注意をひくことはできないのである。人々は新機軸に対して目をそばだて、心を奪われ、喜んでその傘下《さんか》にはせ参じようとするのである。強引に新しき道に進め。しからば、多くの人々は諸君の道に追随《ついずい》してくるであろう。

かくいえばとて何でも今までにない新しいことをやりさえすれば、それで成功するものだなどと安価に考えてはならないのである。真に成功するところの「新しさ」はその人の生命の深い所から湧《わ》き出《で》てくる叡智《えいち》の実現したものでなければならないのである。行き当たりばったりの、皮相な、新しき単なる「思いつき」くらいでは成功は覚《おぼ》つかないのである。すべての人の生命をゆり動かし、すべての人の興味をひきずることのできるものは自己の生命の奥底からほとばしり出た真に新しき叡智の発現でなければならない。そしてしかもそれが真に実践または実用にたえるところの新しきアイディアでなければならないのである。

諸君が真に新しきアイディアを実践し、または実践し得る形に於《お》いてそれを世界に示すことができるならば、世界はかくの如《ごと》きものを常に求めているのであるから、決して見逃《みのが》すということはないのである。自分が好《よ》い考えを起こしたのに誰も認めてくれないと考えるのは間違っている。もし認められないような好い考えがあるとするならば、それはどこかに実践性が欠けているからであって、真にそれは深き叡智のほとばしりでないからである。真に実践し得る価値ある新しきアイディアは認められずにはいないのである。自己自身を高くかかげ、何ものにも屈せず、新しき構想の下《もと》に、新しき方法を以《もっ》て、人生の道を歩み新しき経営の仕方をなすところに世界は必ず賞讃《しょうさん》と讃歎《さんたん》の声とを浴《あ》びせずにはいないのである。それは最新流行の品物ばかりを集めている百貨店が客を吸収せずにはいられないのと同じように、世人《せじん》の興味をひかずにはいないのである。

諸君よ、まず諸君の生涯の出発に於てあらゆるものの上に、自分でなければならない新しき善《よ》さを加えるべく決意せよ。彼でなければこの仕事はこんなにできないというような新しき独創的な何ものかをあらゆる仕事に加えるべく決意せよ。しからば世人は諸君を認めるであろう。その決意は多くの礼讃者《らいさんしゃ》を集めて、多くの人々が諸君を高く持ち上げるために集まってくるであろう。そのためには金銭的な資本も何も要《い》らないのである。最も大いなる資本は神から諸君一人一人に与えられた諸君でなければならないところの「独創」というマークである。

第八章　人格の価値と魅力について

苟《いやしく》も世に立たんとする者は、自己の人格を最高の資本として世に立つ決心をしなければならないのである。もし自分の人格の尊厳《そんげん》を、いかなる場合にも傷つけることなしに、自己が神の子としての尊厳をどこどこまでも維持することができるならば彼はその世間的名声がどうであろうとも、経済的成功がどうであろうとも、その生涯は勝利者であったということができるのである。何事に打ち克《か》つよりも自分自身の内なる誘惑に打ち克つところの者こそ本当の勝利者である。されば、自己の人格を傷つけることなしに生涯を送る者こそ真の勝利者であるのである。

世間往々《おうおう》、経済的成功や、世間的名誉を重んじて、ややもすれば自己の人格如何《いかん》を問題にしないのであるが、これはまことに本末転倒せるものである。人間は何よりもまず「人格」であるということである。「人格」が人間であるのである。名誉や財産や、その他世間的ないろいろのものは要するに「自分自身」ではなくして、外からの付加物にすぎないのである。外からの付加物がいくら立派であろうとも「真の自分」が汚《けが》れてしまったならば、自分自身にとって切実に「自分なるもの」を汚《けが》してしまうことになるのであって、それは何ものにもまさる大なる損失だといわなければならないのである。世間的成功は、吾々《われわれ》が狡猾《こうかつ》に、敏捷《びんしょう》に、顔や賄賂《わいろ》で渡りをつけて、何か悪いことをしなければ得られないものであるかの如《ごと》く信じて、自己の人格を傷つけることに対してはいっこう平気でいる人が多いのであるけれども、これは結局自分の最も尊きものを汚《けが》すことになるのである。長い生涯に於《お》いて、一時は正直者が馬鹿を見るかも知れないが、結局は、終始一貫その「人格」の高貴さを生きてきたところのものは、最後の勝利者となるのである。微賤《びせん》より立って遂《つい》に大統領となったアブラハム・リンカーンの如きは終始一貫その人格の誠実さをもって、時代の幾変遷《いくへんせん》に抗して遂に近世の一大偉人となったのである。彼の生涯は廉潔《れんけつ》そのものの生涯であり、決して自己の欲得《よくとく》によってその人格を汚《けが》しはしなかったのである。彼が弁護士を開業していた時に、もし訴訟《そしょう》の悪い側の者から弁護を頼まれた場合には、彼は断乎《だんこ》として拒絶したということである。そして彼はいうのであった「罪を犯したことがはっきりしているものを罪がないようにいいくるめて弁護するならば、始終自分は嘘《うそ》をついているという思いで苦しめられなければならないのである。その弁護の間《あいだじゅう》中リンカーンよお前は嘘つきだ嘘つきだと良心が叫ぶのをきかなければならない」と。

真に価値なくしてある高き地位を得たるものは却《かえ》って不幸である。彼は自己を欺《あざむ》き、他を欺き、自分の坐《すわ》る位置に不安定を感ずるのである。そして内部の良心は叫ぶのである

「汝《なんじ》はインチキである。汝は自己を欺《あざむ》き他を欺いているのである」と。しかし、良心の麻《ま》痺《ひ》せる者はかくの如《ごと》き良心のささやきをきかないかも知れない。外の成功に目を眩《くら》まして、自己の内《うち》の静かなる本当の自分のささやきがきこえないのである。しかしながらやがて偽物《にせもの》の成功は砕《くだ》ける時が来るのである。そしてその砕けたる惨憺《さんたん》たる廃墟《はいきょ》に立って、彼は傷つき汚《けが》れやせさらぼうたる自分の「人格」を見出《みいだ》す時が来るに違いないのである。その時に諸君は何の面目《めんぼく》あって、「真の自分」に相対《あいたい》せんとするであろうか。

読者よ、決して外面的栄達のために自己の人格を傷つけるようなことをなすな。ニセモノの上に積み上げられたるものは結局瓦解《がかい》するほかはないのである。吾々《われわれ》は外の誘惑に迷ってはならないのである。吾々は自己の人格の尊厳さを傷つけてはならない。「人格」のみが真の価値であってそのほかのものは付加物であるということをしらなければならない。

「人格」の代用品になるような尊いものはどこにも存在しないのである。吾々の真の成功の礎《いしずえ》は「人格」の誠実さにあるのである。自己を養うことをおいてほかに真の成功の道はないのである。吾々の真の「自分」はいかなる賄賂《わいろ》も触れることができず、いかなる誘惑も魅することができず、いかなる強圧も動かすことのできないところの高貴なるものでなければならない。百万円や、千万円や、一億円で買収されるが如《ごと》き人格であってはならないのである。吾々は自己の人格の尊厳と清らかさとを護持するためには、その他の一切《いっさい》をなげうつだけの決心がなければならないのである。
「吾尊きものなり」の人格的自覚こそ、その人の生活の礎とならなければならないのである。吾々は自己を売物にしてはならないのである。吾々の生活は高貴でなければならない。いかなる誘惑も、いかなる提供も、吾を動かす能《あた》わざる磐石《ばんじゃく》の如き尊厳をもたなければならないのである。

諸君はいかがわしき職業によって生活を立てようと思ったり、利益を得ようと思ってはならない。諸君の生活の一挙手一投足に自己の人格の尊厳さを常に印して「吾これをなせり。来たりて見よ」というが如き尊厳なる自覚をもたなければならないのである。気尚《けだか》き人格こそ真の成功の基礎《いしずえ》であって、その他の成功は悉《ことごと》く譎詐《きっさ》のかたまりにすぎないのである。諸君はその汚れたる譎詐のかたまりなる成功を得んがために、清らかなる人格の尊厳を売らんとするか、こんなひきあわないことはないのである。諸君よ。決して人格以下の何物をも獲得しようと思う勿《なか》れ。人格の中《うち》にこそすべての価値があるのである。諸君の職業がいかなるものであろうとも、真にそれを人格の価値の上に築くとき本当の成功をかち得るのである。

人格の力は一種の魔術的力を以《もっ》て人々をひきよせ、富をひきよせ、遂《つい》に諸君の事業を大成せしめるのである。諸君の所へ富が集まって来ないのは、よき協力者が集まって来ないのは、諸君に人格の魅力がないからである。しからば人格の魅力はいかにして生ずるのであろうか。一見高潔《いっけんこうけつ》なる人格の如《ごと》くして清貧の生活を送り、弧高独《ここうひと》り寂しく、訪れる人もなきさびたれたる生活を送っているものもあるのである。だから人格の高潔というようなことは世間的成功にはなんらの力もないものであると考える人々がともすればあるのである。しかしこれは決して人格が高潔であるが故《ゆえ》に人が集まらないのでもなければ富《とみ》が集まらないのでもないのである。それは人格の清らかさのためにそうなっているのではなくして、人格の狭隘《きょうあい》さによって生じたところの、自己人格の小ささの反映にすぎないのである。

まず多くのよき友を集め、よき協力者を得るためには、人格の広さというものが必要である。小さい部屋には多勢を入れることはできないし、小さい容《い》れものには多くのものを容れることはできないのである。人格が広々として多くの人を入れ得るものは多くの人々をひきよせる力があるのである。諸君は狭量《きょうりょう》をすてなければならないのである。次には諸君はたんに自らが清らかであるばかりでなく、その日常生活に人々に対して愛と善意とを示さなければならないのである。たんにそれを示すだけではなく、愛と善意とを隣人に対して実践しなければならないのである。自らの清きことのみを心掛けて他の人々を愛することを心掛けないものは人格が高潔の如《ごと》く見ゆれども、実は自分の清きことのみを求めているのであるから、それは結局利己主義者にすぎないのである。人が彼の所へ集まって来ず、富が彼の所へ集まって来ないのは、結局、彼が利己主義者であるからである。諸君は、自分自身の人格が清く高くあるためには、自分のみが独《ひと》り山に登って行ない澄ましているだけではいけないのである。昔から「小聖は山に入り、大聖は市《まち》にかくる」といわれているが、吾々《われわれ》は自分一人清しとして人から遠ざかるようであってはならないのである。それは結局自分の人格の狭さと小ささとを表わしているにすぎないのである。高潔者といわれる人格者が協力者を得ず富を得ないのはそのためである。吾々が真に偉大なる人格を発展せしめようと思うならば、吾々は市《まち》に下《お》り行き、人々に伍《ご》して生活しなければならないのである。そして他を愛し善意を以て人々に接し、人々のために愛を実践し、しかして自分のみを清しとせず、人々の内にあるところの「善」を見てそれを大らかにほめうる如《ごと》きものでなければならないのである。自らの高さをいよいよ高く見せんがために、そしてその他の人をいよいよ低く見せんがために、常に人の欠点を見るものは災《わざわい》なるかな。いかに自己が高くとも、人を見下《みおろ》し、人を軽蔑《けいべつ》し、人を侮辱《ぶじょく》し、人を低めるものは、人々から嫌われるのである。したがってよき協力者は集まって来ず自分自身を高しとしながら常に貧しきみすぼらしき生活を送らなければならない。

真に偉大なる高き尊き人格者はすべての人の中《うち》に宿るところの「善さ」のみを見て決して「悪」を見ないのである。人がその人の所へ集まってくるのは、その人が自分自身に対して好意をもっていると考えるからである。吾々は愛され、自分に対して好意をもっている人々の所へ集まって行こうという傾向があるのである。そして愛される者に対しては愛したいのである。好意をもってくれる者に対してはひきつけられて深切《しんせつ》をつくさずにはおられないのである。ここにも「与えれば与えられる」の黄金律《おうごんりつ》は真実である。諸君は自分が利益を得んがために他《ひと》に対して善意をもち、愛をもつ真似《まね》だけではいけないのである。真に諸君が人々に対して愛を持ち善意をもたないならば、人々の微妙なる感覚はそれを必ずかぎわけて諸君をもってニセモノというであろう。

いかなる大人物なりといえども、自分一人きりでは偉大なる事業をなしとげることはできないのである。だから自分自身の中にとじこもるものは大いなる成功をなしとげることはできないのである。真に偉大なる成功をとげんとする者は小さき自分の殻をわらなければならないのである。もし諸君が自分の殻の中にのみ生活するならば外部のすべての世界とは隔絶《かくぜつ》され、すべての協力者は逃《のが》れ去り、どこにも諸君を助けてくれるよき友はなくなるであろう。

多くの人たちが互いに集まって愉快《ゆかい》に談笑している時にも、その部屋の隅《すみ》っこに一人淋しく黙然《もくねん》として「なんじゃ俗物ども」と半《なか》ば軽蔑するような表情でいるような者は、結局自分を高しとするために人の欠点ばかりを見ているのであるから人々は彼の所へ集まって来ず、結局彼の味方となるべきものは一人もなくてこの世界におきざりにせられるのである。

かくの如《ごと》き性癖《せいへき》をもつものは真に偉大なる人格ではないのである。かくの如き人々がたまたま何らかの都合によってある団体の中心者にあげられようともそれは決して長続きはしないのである。彼の人格からは、扇風機の如き外にすべてのものを吹きとばす如き人を排斥《はいせき》する目に見えない雰囲気が漂うていて、とても彼には近よりがたい気がするのである。何だか彼に近づけば、氷に近づくように冷たい風が吹いてくる。かくの如き人々には決して人格的魅力は存在しないのである。

そういう人たちは、自分自身の欠点がどこにあるかを知らないで、ただ自分は淋《さび》しく生まれた者であると考えたり淋しき星の下に生まれたのであると考えたりするのであるが、その人の孤独は決して宿命的なものでもなければ他動的なものでもないのである。すべて自己自《みずか》らの人格の狭さと、利己主義とが反映しているのである。

自分自身が利己主義でありながら、それを自覚することなしに自分自身の人格を高潔《こうけつ》だと思っている人は随分《ずいぶん》たくさんあるのである。すべて人が近よらず富《とみ》が近よって来ないのは、結局自分自身のことのみに没頭して他《ひと》に対して与えないからである。人と話していてもすぐ「自分は自分は」ということをもちだし、自分の利益のみをもちだす人には、誰でもういい、うんざりしてしまって、再び近づくことがいやになってしまうのである。

関心と興味とが自分自身のみに集中している人は人をひきつける力はないのである。関心と興味とが人々へ人々へと、他《ひと》に対してつくすことのみに働いている人は人をひきつけることができるのである。もし諸君が自分自身以外のことに、人々のために関心をもち、愛をもち、善意をもち、しかもそれを実践し、人々のためにつくさずにおれないような深《しん》切《せつ》さを発揮すれば、諸君はたちまち多勢の人々を集め得る一大磁石《じしゃく》となるのである。諸君が他《ひと》に対して愛をもつ程度に随《したが》って他の人も諸君を愛するのである。諸君が他に対して善意をもつ程度に、人々も諸君に善意をもつのである。また諸君が人々に対して関心をもつ程度に、人々もまた諸君に対して関心を持つのである。諸君が人々に対して深切を行なう程度に、人々がまた諸君に深切を行なってくれるのである。諸君が生涯淋しい生活を送らず、愛と善意とにとりまかれたる豊富なる生活を送ろうと思うならば、諸君はすべての人々に対して愛をもち、善意をもち、関心をもち、それらの人々の身になってものを考えてやり、深切を行なわなければならないのである。人と話す時には自分の利益になることばかりを話してはならない。人々の幸福になるように利益になるようにそれをのみ話している時に、深切なる人々は諸君の周囲に集まってき、諸君は高め、強め、押しあげ、富ましめてくれるであろう。

人生の目的は決して富を得るためではないのである。すでにいったとおり、人格のみが真実の価値である。人格高きものが常に貧しいということはあり得ないのである。形あるものは形なきものの影であるから、形なき「人格」の豊かさの反影は必ずや現実生活にも髣髴《ほうふつ》せずにはいないのである。もし吾々《われわれ》が美しき環境を、豊かなる環境を、富める環境を見出《みいだ》すことができないならば、それは自分の人格にどこか欠陥があるのであるから、それを省《かえり》みて改めなければならないのである。

吾々が人格の向上を謀《はか》るならば、何よりも吾々は嫉妬羨望《しっとせんぼう》の心をすてなければならないのである。もし吾々に嫉妬羨望の心が起こるならば、吾々の心がせまく、真にそれらの人々を愛していないからである。もし自分の愛児《あいじ》が世の中に出て高くもちあげられたならば、親たる吾らはそれを嫉妬するであろうか。愛する者が高められることは喜びでなければならないのである。されば嫉妬羨望するものは自らの心が狭く愛少なきことを恥《は》じなければならないのである。人が出世をしたら自分が損をしたように思い、人が富《と》んだならば自分が貧しくなったように思い、それに何とかけちをつけずにはおれないのは、その人格の狭き低き証拠である。吾々は人のかくれたる所にてその人の美点をほめ、人のほめらるるをきいて喜び、常に人の善のみを見出して欠点を見ないときに真にその人は人格高しといい得るのである。かくの如き人格者はたんに人格高きのみならず、不思議なる人格的魔力を以《もっ》て人々をひきつけ豊かなる富《とみ》をひきよせ高き名声を引き寄せることができるのである。

第九章　危険に面して恐れざる者は遂に勝つ

あまりに神経質であることは一つの障礙《しょうがい》となるのである。人々がとうてい平静を保っていられないような時にも心の沈着《ちんちゃく》を失わず、他の人ならば周章狼狽《しゅうしょうろうばい》してなすところを知らずというような時に平然として、正しき謀《はかりごと》をめぐらすことのできる者は、いかなる場合にも勝利者となることができるのである。多くの人たちは何事《なにごと》か重大なことが起こってくると、直《ただ》ちに心の平静を失い、所謂《いわゆる》上がってしまうが故《ゆえ》に、策のなすところを知らず、したがってその中にもし一人でも沈着なる人がいれば、その人が勝利者となることは当然のことである。

何事が起ころうともいかなる突発事に面しようとも、心の平静を失わないようにするためには、世の中には根本的にいって、何事も絶対に悪いことは起らないということを知ることが必要であるのである。悪いことがおこると見えることは結局自分の心の影であるから、自分の心にすきができたり動揺したりするならばますます悪いことができてくるのである。もし心の動揺を押し静め、自分の心の状態が平らかになるならば、その平静鏡《かがみ》の如《ごと》き心の状態が環境に反映して、環境そのものも平静となり、調和した豊かなる楽しき環境が自分の周囲に現われてくるのである。自分の環境は自分の心が反映して作るところのものであることをしらなければならないのである。

　心の平静を養うには常に正坐の習慣をつけることが必要である。一日一回は神想観《しんそうかん》(meditation)をして臍下丹田《せいかたんでん》に息を収《おさ》め、精神をそこに集中して、「吸気《きゅうき》と共に神の生命《いのち》流れ入る」と念じ、その息を丹田に集中して「吾《われ》神なり」と念ずるのである。常に興奮しやすく頭に血がのぼせているようでは駄目なのである。白隠禅師《はくいんぜんじ》は、呼吸する時踵《かかと》を以《もっ》て息をするつもりになれと教えたくらいである。身体《からだ》の下部に精神が集中するとき頭は熱せず冷静になるのである。環境によって自分の心を左右されて心乱れるものは弱者である。環境を自分の意のままに支配する力のあるものこそ強者であるのである。人間須《すべか》らく強者とならざるべからず。強者となるには丹田にて呼吸せざるべからず。踵《かかと》にて呼吸せざるべからず。常に頭は軽く腹部に力こもりて「地天泰《ちてんたい》」の姿勢を保たなければならないのである。

　地天泰の姿勢は、崩《くず》れざること泰山《たいざん》の如く、富岳《ふがく》の如く、氷山の如きである。見よ、北極に浮かぶところの偉大なる氷山を。彼はピラミッドの如く先は細く下部は広く豊かに海底に浮かびてその八分の七は水中にあるのである。重みのバランスが下部にあるが故に、いかなる波濤《はとう》も暴風雨も、寸毫《すんごう》もこれを動揺せしめることはできないのである。偉大なるかな下部の力。臍下丹田《せいかたんでん》の力。腰の力。踵《かかと》の力。更《さら》に偉大なるかな、目に見えざる潜在意識の底にある「吾《われ》神の子なり」の自覚の力よ。

心の平和はいかなる暴力よりも強き支配的力である。いかなる暴漢が自己に迫りきたろうとも、心の平和を失わざれば、暴漢は却《かえ》ってその平和なる人の前に屈服していかなる危《き》害《がい》をも加えることはできないのである。ライオンの檻《おり》に入れられたる預言者ダニエルは心の平和を失わざりしが故《ゆえ》に、ライオンは猫の如《ごと》くなって彼につかえたと旧約聖書にあるのである。柳生但馬守《やぎゅうたじまのかみ》はまた虎の檻に入りしに、その虎、たちまち猫の如くになったという、これまた心の平静の徳のいたすところである。

こんな話がある。ある所に浪人があった。禄《ろく》を失って日常の生活費にも困っていた。その頃武士道の習いにて、武芸道場を開く人の門に到《いた》って武道の試合を乞《こ》えば、試合の結果が勝敗いずれであろうとも、道場主は武《む》者《しゃ》修行者に一飯《ぱん》の食事を供《きょう》する習いになっていたのである。そこでその浪人はよきことを考えたと、食事時《どき》に各所の道場に行きめぐりて立合いを乞《こ》い、必ず負けて道場主より食事を与えられんことを念願としたのであった。そこである日江戸に大道場を構えている某々《ぼうぼう》の玄関に到り、「たのもう」と一喝《かつ》した。

取次ぎの者がでて来る。

「拙者《せっしゃ》は諸国武者修行の何某《なにがし》と申すものである。当道場主に即刻試合を願いたい」と浪人は大声でよばわった。

取次ぎの者は驚いて奥に駈《か》けこみ主人に対して、「とても恐ろしい元気な浪人が来て、これこれしかじかでございます」という。

道場の主人はちょうど晩飯《ばんめし》をくっていたところなので、「粗忽《そこつ》でないよう道場へ御案内申し上げてしばらくお待ち下されい」といわせる。

そこで浪人が道場へ上がって待っていると、やがて威風堂々《いふうどうどう》たる道場の主人がやって来る。両方から挨拶してやがて試合をすべく立ち上がる。立ち上がったが浪人の方はともかく腹がへっているから、一刻も早く相手になぐられて、「参りました」といってケリをつけさえすれば、武芸者の習いにて晩飯にはありつけるというわけで、別に勝とうともせず構えようともせず、ただぶらりと木剣《ぼっけん》を右手にぶらさげたままポカンと立っているのである。

道場の主人は驚いた。浪人は全身すきだらけである。全く剣術を知らないのと同様である。しかし剣術を知らないものが試合を求めて来るはずもない。それではこれは誘いの隙《すき》でもあろうか。ともかく、

「お構え下されい」といってみる。

「拙者はこれで結構でござる」と平然としている。心憎きまでの平然さである。こんなに隙だらけなくずれた姿勢で、しかも大敵を向こうにまわして平然としているのはよほどできる奴《やつ》に違いないと道場の主人は思う。あの無構《むかま》えにぶらりとさげている刀は、それが無

構えであるだけに、こちらが打ち込もうとこちらの太刀《たち》が一分《ぶ》でも動こうとすれば、その動きに従って自然にできる隙《すき》に、その無構《むかま》えの刀が入ってくるに違いない。だから一分《ぶ》一厘《りん》もこちらが動けばこちらが負けになるのである。打ち込もうと思えば思うほど、自分にできる隙があぶなくて打ちこむことができないのである。これは打ちこまれたら敵《かな》わぬと心が乱れている結果である。ところが浪人の方は「打ちこまれては敵《かな》わぬ」などとは考えないで、むしろ打ちこまれた方が早く晩飯にありつけると、捨身《すてみ》であるから心は平和そのものである。道場主は、心の中で「自分がこう打ちこもうとすれば、彼はこうくるであろう。こう突こうとすれば彼はこうくるであろう」と心の中に強敵をこしらえて、その心の中の強敵と一所懸命《いっしょけんめい》戦っているのであるから、姿勢は正眼《せいがん》に構えてじっとしているけれども、心の中は間断なき恐怖心の連続であるがために、やがて次第に心臓が動悸《どうき》し、息が乱れて、額《ひたい》からじりじり汗が流れて来た。やがて道場主は木刀をそこへなげ出し「参りました」と平伏《ひれふ》して、

「それがし今まで多くの武芸者と立ち合いたれども、貴下《きか》の如き剛胆無双《ごうたんむそう》あっぱれの心境の武芸者に立ち合いたることなし。尊公《そんこう》は何《いず》れにて修行せられ、また何流にておわしますぞ」といと丁寧《ていねい》に挨拶した。

「いやいや拙者《せっしゃ》はそのようなものではござらぬ。拙者の流儀と申してはただ飯食《めしく》い流というものでござる。それがし生活に困りはてたる末、道場にて試合にて負けたらんには、一

飯《ぱん》の食事にありつけると思い、一刻も早く打たれんことを念じ、その外《ほか》には何の念も起こさず、したがって打ちこまるることに恐怖心を感ぜず、ただ平然と致しおりました故《ゆえ》に、尊公が却《かえ》ってそれがしを名人の如く勘違いして恐れをなされたにござりまする。さ、一刻も早く私を一打ちして御飯頂戴《ちょうだい》いたしたい」といった。

さすがに武芸者の道場主、その言葉をきいて大いに悟《さと》り、「念」あるが故に迷い、「迷い」あるが故に心乱れてやぶるるなり、念なければ心乱れず、やぶるることもなしと、無念流という剣道の極意《ごくい》を悟ったということである。

そのように、心平和なるものは心の乱れたる名人をも敗北せしめることができるのである。常に心は円満完全にしてその平静を失わざるものは、常に万人《ばんにん》にすぐれて勝者の地位に立つのである。心平和なるものは、いかなる場合にもその能力以上に働きが現われ、多くの多芸多能なる人たちが時として試験場に於《おい》て自分よりも劣れる人より不成績を見せるのは、恐怖心のために心の平和をかき乱し、自己本来の能力の半《なか》ばすらも発揮することができないからである。心乱るれば記憶力は喪失し、正鵠《せいこく》なる判断力はなくなり、茫然《ぼうぜん》としてなすことを知らざる彼《か》の道場主の如くなるのである。

あるとき一人の茶坊主が主君に命ぜられて夜中に用達《ようたし》に外出した。そのとき新刀を求めてその斬《き》れ味を試そうと辻斬りにでていた一人の侍《さむらい》が、茶坊主は弱そうだから試斬《ためしぎ》りにちょうどいいと「待て」といって呼びかけた。そして「これにて一太刀《ひとたち》試合申さん」という。茶坊主は剣道を習ったことはないが武士のはしくれとされていたのである。武士たる者が試合を申しこまれて逃げだしたといっては主君山内候《やまのうちこう》の恥辱《ちじょく》であると思い、試合すべく決心したが、武道を習いたることとなき悲しき、いかように斬られたら主君の恥《はじ》にならぬ死にようができるかもわからぬ。せめてその斬られ方でも美しくきられて主君の名を辱《は》ずかしめまいと決心し、

「暫《しばら》くおまち下されい。それがし、唯今《ただいま》主君の命《めい》にて用達《ようたし》に行くところでござる。それがし茶坊主といえども武士のはしくれ、決して嘘《うそ》は申さぬ。主君よりいいつけられたる御用《ごよう》事達《ごとたっ》したる上《うえ》は必ずここにもどって尊公とお試合申し上《あ》ぐる故《ゆえ》、主君の御用事達してここへ帰りくるまでおまち下されい。その後にて必ずゆっくり試合申し上《あ》ぐべし」と答えて、そこを去って用を達した。さてその茶坊主は当時江戸にて道場を開いていた有名な剣客《けんかく》の許《もと》に行き、一部始終を話して、

「それがし主人の名を辱《は》ずかしめざらんがために、清く美しく死にとうござる。いかにして斬《き》られたるがよろしきかお教え下さい」と熱誠溢《ねっせいあふ》るる決意を以《もっ》て申し込んだ。そこで道場の主人公は大いに茶坊主の心ばえに感じて、次のように心を平静にして立ち合う方法を教えたのである。

「立ち合うべく刀をぬいたならば、大上段に構えよ。相手の斬り込みきたる姿を見れば、心が恐怖によって乱れるから、刀をふりあげたならもう目をつぶって目を開いてはなら

ぬ。そして相手が斬り込んで来てその刀が汝《なんじ》の体のどこかに冷やりと感じたその刹那《せつな》、全身の力をもって押しかかる気勢にてそのふりあげたる刀をもて相手を斬り下《おろ》せ。必ず相手と相打ちになって敵《てき》もまた斃《たお》れるであろう。」

茶坊主は喜んで先刻約束した場所に行き、挨拶《あいさつ》をして刀をぬくとすぐさま大上段《だいじょうだん》にふりかぶり、目をつぶったままじっと敵の刀が、自分の体のどこかへひやりとくるのを待っていた。しかしいつまでたってもひやりと来ないのである。どうしたものであろうかと思っていると、敵が激しく息づかいをしているのがきこえる。二十分、三十分……敵の息づかいはますます乱れてくる。と思うと茶坊主の前にばさりと音がした。そこで彼は目を開いてみると、彼の前に辻斬りの男が平身低頭《ていとう》してお辞儀をしているのである。

「それがしまことに貴公《きこう》をお見損《みそこ》ねました。とうていそれがし如《ごと》きものの太刀《たち》の及ぶところではございません。生命《いのち》ばかりはおたすけ下さいませ」としきりに詫《わ》びるのであった。

茶坊主の死を決意したる、危険に面して危険を見ざる、現象の危険に対して目をとじたる平和なる心境は、危険を目の前に見て動揺極まらざる若武者の力に打ち勝ったのであった。

諸君がいかなる人生の荒波にもまれようともくつがえることなしにそれをのりきり、衆に秀《ひい》でて偉大なる事業をなさんと欲《ほっ》するならば、かくの如く常にあらゆる場合に処《しょ》して、平和な、平静を失わざる心境にいなければならないのである。平静の心境に於《おい》てこそ、その人は自己のすべての能力を百パーセントまで発揮することができるのである。かくてのみ吾《われ》らは人生のあらゆる場面に於《おい》て勝者となることができるのである。

更に人生の勝者となる道は、困難に面し、あるいは不快なる出来事に面しても決してそれから逃《のが》れようとしないことである。すでにそれから逃れようとするのは、その困難または不快なるものに敗北した証拠であり、心の平静を失った証拠であるのである。困難に於て困難を見ず、不快に面して不快を見ず、唯《ただ》実相のみを見て、心常に明鏡《めいきょう》の如《ごと》く澄みきって動ぜざるものこそ真の勝者であるのである。

与えられたる全ての仕事に、課せられたるあらゆる義務に、忠実であれ。それがいかに困難であるかの如く見えようとも、諸君にとってそれを遂行《すいこう》し得ないような義務は神から課せられるということはないのである。それを遂行することによって諸君の魂はいっそう鍛えられ、諸君の能力はいっそう磨かれ、新しき場面は展開し来たり、今まで不利と見えたる立場は勝者としての立場に立っていることを発見するであろう。何ごとがやって来ようとも、吾々は魂の平静を失ってはならないのである。どんな波立ち騒ぐ環境も、魂の平静の前には穏《おだ》やかなる海原《うなばら》と化《か》するのである。

第十章　万事に対して感謝する生活

人間がこの世に生まれたる目的は、自己を表現せんがためである。自己を表現せんがためには、表現の法則に従わなければならないのである。まず吾々は想念を通して自己を表現するのである。吾々の表情、動作、行動その他は悉《ことごと》くが想念がもとになっているのである。神は人間に於《お》いて、神自身を表現せんがために人間を造られたのであるから、吾々は神の如く生活することを人生のモットーとしなければならない。

吾々の自己表現にはいろいろの方向があるのであって、その表現する方向に従って自分自身の生活が著《いちじる》しく変わったものとなるのである。ある人は肉体美に於て神の美を表現するのであるが、ある人は愛情に於て神を表現するのである。またある人は智慧に於て神を表現するのであるが、ある人は霊的能力によって神を表現するのである。ある人は音楽として神を表現するのであるが、ある人は科学者として神を表現するのである。ともかく吾々は表現しなければならないのである。もし吾々の表現が不完全である場合には、その表現は永続的な力をもっていないのである。吾々が真に神を表現しようと思うならば、今のである。

音楽にせよ、文学にせよ、あるいは肉体美にせよ、あるいは科学的の発明にせよ、真に立派なものはそこに久遠の生命が生きていることを感ずることができるのである。

吾々《われわれ》が表現を完全に行なわんがためには、感謝の心を忘れてはならないのである。吾々の自己表現とは実は神の生命の自己表現であるから、すべての表現は神からきたるのである。したがって吾々は神に対して感謝の念を忘れてはならないのである。朝起きた時から、夜眠りに入る時まで、すべての生活は悉《ことごと》く神より流れ出《い》ずる生命によって行なわれるのであるから、一挙手《きょしゅ》一投足《とうそく》万事万端《ばんじばんたん》について吾々は神に感謝することを忘れてはならないのである。「与えよ、さらば与えられん」ということが無限供給の黄金律であるのであって、それは決して物質の富《とみ》だけのことではないのである。吾々が日常生活のすべてのことについて、常に神に感謝し、一事一物のでき上がるごとに常に神に感謝の念を捧《ささ》げるようにするならば、必ず自分の能力はなおいっそう豊かになり、その次の計画はなおいっそう偉大なる姿に完成することができるのである。

ある人はお蔭《かげ》をうけたといって、単に病気が治《なお》るとか、経済的利益が得られたとかいう問題について神に感謝するのであるが、それはまだ本当の完全なる感謝ではないのである。吾々は神の愛に対して感謝しなければならない。神の愛は事々物々に現われているのである。空気に、日光に、水に、家族互いの愛情に、その他、あらゆる吾々の周囲におこる出来事の上に現われているのである。吾々はそれらに対して、常に間断《かんだん》なく感謝するようにしなければならないのである。

常に感謝する生活習慣を作ることは極《きわ》めて必要なことである。吾々の思想、吾々の感情を、あらゆる事物を媒介《ばいかい》として、それを通して神への感謝にふり向けるということは事物の表面的な形を越えてその実質であるところの「霊」なるものに心をふりむけ高めることになるのである。物質を目的に吾々が働いている時には、すべての仕事は、憂欝《ゆううつ》、退屈な仕事となるのであるが、一度この仕事が神によって恵まれたる愛の表現であり、智慧《ちえ》の表現であり、生命の表現であるということが自覚されるならば、それはたちまち喜びの仕事と変わってくるのである。今すぐあなたの与えられている仕事を神から与えられたる仕事であるとして感謝の念をおこせ。すべての仕事を観《み》るに、神から与えられたものであり、これを完成して神に喜んでもらうのであると信じて感謝するならば、その仕事は不思議なる神の力に導かれて人間自身ではとうていできないようなすばらしい完成ぶりを見せることができるに相違ないのである。

吾々の住んでいる世界は、神の智慧の一大海原《うなばら》であり、神の愛の一大海原であり、神の生命《いのち》の一大海原であるのである。吾々のなすべきただ一つのことは心の肺臓《はいぞう》をひろげて、心ゆくばかりその大海原から、神の智慧を、愛を、生命を吸収することである。吾々が吸いこめば吸いこむほど神の智慧《ちえ》も、愛も、生命も、いくらでも豊富に流れ入ってくるのである。その心の肺臓《はいぞう》をひろげて神の智慧を、愛を、生命を吸入する道がすなわち「感謝すること」であるのである。

実際時々仕事の暇《ひま》に目を閉じ心を静かにして「神よ、あなたの無限の智慧、無限の愛、無限の生命《いのち》を吸わしていただきます。それによって私の生活が常にいっそう完全に導かれ、神の愛によって守られ、神の生命によって愈々《いよいよ》力強くすこやかなるものとなることのできることを感謝致します。」こう静かに念じながら、神の智慧を、生命を、吸入するが如《ごと》く、静かに息を吸うのである。「ああ、神の無限の生命わが全身に流れ入り、吾《わ》が全身をすこやかならしめ給《たま》う。ああ、神の叡智《えいち》吾《われ》に流れ入り、吾《わ》が日常の仕事を、事ごとに導き給うて決して失敗させ給うことはないのである」というように吸いこむ息と共に神の生命乃至《ないし》叡智を全身にみたした気持になって感謝の心を起こすのである。感謝は神より来たるところのあらゆる能力を無限に引き出すところのもっともよき方法なのである。

第十一章　良き友の価値について

人は社会的生物であるといわれているが如く、孤独では生活することができないのである。特に必要なのはよき友をもつということである。よき友は人間の全生涯を通じて必要であるが、青少年時代からよき友をもっているものは、互いに美点を見つけ合い、賞讃《しょうさん》し合い、慰《なぐさ》め合い、協力し合って大いに自己を伸ばすことができるのである。

良き友は自分を信じてくれるのである。この世界に自分の力を信じてくれる人があるということは、ただそれだけでも全心身の勇気が出るのである。吾々のあらゆる努力に対してはげましてくれるものは良き友の言葉であり思いやりであるのである。明るき愉快《ゆかい》な友をもつことは、大いなる資産をもつよりもなお大いなる宝である。明るき友の雰囲気はいつのまにか自分を感化して自分を希望に導いてくれるのである。

友の鼓舞《こぶ》激励なかりせば途中で挫折してしまったであろうような人々が、力づけてくれる友達の明るい言葉によって最後のゴールまでその努力を持続し得た人々は世の中に随分たくさんあるのである。

ただの物質的成功でさえも、多くは良き友達の力に負うところが多いのであるがそのことにあまり気がつかない人々が多いのである。もし誰かが認めてくれなかったならば、物質界に於《お》いてさえも成功というものはあり得ないのである。誰かが自分の相談にのってくれ、誰かが自分のよき尊さを拡《ひろ》げてくれ、誰かがその店の商品のよき評判をひろめてくれなかったならば、この世界に経済的成功も物質的成功もあり得ようがないのである。われわれの成功、名声、富《とみ》等というものから「世の中の人々の恩恵」というものを引きさってしまったなら、後にのこるものはほとんど「零《ゼロ》」といってもいいのである。

たとえばここに弁護士を開業するとする。彼は学校を出《い》で、国家試験をパスしただけで何らの知己《ちき》もないのである。誰も彼の力量を知っている人はない。そんな弁護士を頼んではたしてこの事件が自分に有利に解決するかどうかは一般世間の人には解らないのである。そんな時に彼を推奨《すいしょう》してくれる一人の知人も友人もないとしたならば、彼は繁華街の家賃の相当高い所に、立派な事務所を構えて多額の家賃を支払っているにもかかわらず、一人の弁護依頼人もないかも知れないのである。かくて彼は結局経費倒れでみじめな生涯を送らなければならないことになるのである。これに反して、よき知人または友人が彼の才能と力量とを賞《ほ》めてくれ、彼を推奨してくれるならば、やがて彼は有名なる弁護士となって、富と名誉《めいよ》とを豊かに満喫することができるのである。あるいはよき友の手づるによってよき判事となり、裁判長ともなり、高等裁判所長官ともなり、やがて最高裁判所の長官ともなる時が来るかも知れないのである。世の中はただの力量だけでは認められることは困難なのである。「顔」というものがあり、「手づる」というものがあり、それによってやや劣っている人でさえも上に登ることができるのである。これが良き友をもつ人々の功徳《くどく》である。

更にまたここに一人の若き学校出たての医者があると仮定せよ。医者は人の生命をあずかるものである。それ故《ゆえ》にもし彼に信用がなければ誰もそんな医者の所へみてもらいに行く者はないのである。彼の力量はまだ知られていない。彼の能力はまだ未知数である。未知数に生命をたくするほど危険なことはないのである。それ故にもしよき知人または友達が彼の力量をほめてくれ、彼の能力を推奨《すいしょう》してくれ、彼の誠実さが信用し得《う》べきものであることを推薦してくれない限りに於て、患者は悉《ことごと》く今まで信用をもっていた医者に吸収せられてしまって、新開業の医者の所へなど行くものではないのである。ここにも彼の力量をみとめてくれる良き知人または友達が必要であることが痛切に感じられるのである。

あるいはここに一人の芸術家があるとする。彼の芸術的天分がすばらしく偉大であるにしても、その偉大さが世間周知《しゅうち》の名声を博するようになるまでには長い間の勉強と修練とが必要なのである。時には流派の異《ちが》う人たちから激しい批難《ひなん》を浴びせかけられることもあるのである。かくの如《ごと》き批難の中にも崩《くず》折《お》れず毅然《きぜん》としてその芸術的努力を継続して行くことができるためには、彼の芸術のよさをほめはげましてくれるところの良き友が必要なのである。同時に彼の芸術がデビューする時、世間に対してよき批評を伝えてくれ、好評の雲をまき起こして、群衆の興味を彼の芸術に集めてくれるようにしてくれるのはよき友の働きによるのである。世の中にはよき芸術的天分をもちながら、よき友人またはグループがないがために、弧峭淋《こしょうさび》しく世人に知られずに生涯を終わってしまうものも少なくないのである。およそ芸術上の世間的成功は、彼に好意をもっている批評家群の批評の言葉が大衆をひきずって行くところにあるのである。だから芸術という純粋なものでさえ良き友人をもたなければ世の中に出ることはできないのである。よき友人の必要なることかくの如《ごと》しである。

しかしながら友人の必要さを上記の如く自己の成功のために「なくてはならぬ要素」として求めるのでは、真の友情の尊さを知ることはできないのである。吾々《われわれ》はよき友人を、単なる社会的成功の素材として求めるが如き利己的立場をすてることによってのみ真の価値あるノーブルなる友情を獲得することができるのである。

物質的成功のためにもかくの如く友人が必要ではあるけれども、更《さら》に最も重大なのは、友人が吾々に及ぼす人格的影響というものである。富や評判は時代の変遷《へんせん》に従って失われることがあるかもしれないけれども、人格的影響は生涯つきまとってその人の宝ともなれば、その人にとっての不利条件《ハンディキャップ》ともなるのである。人は自分のまじわるところの友達の性格によって色づけられる。彼はそれによって明るくもなれば暗くもなるし、粗暴にもなれば温和にもなるのである。もし不誠実な人と仲がよければ自らも不誠実な人となるのである。もしひやかし半分に人のあらを探すことを喜びとする友達の群《むれ》に交われば自分もまた人の欠点を探して快《こころよ》しとするような性格を養成せられるであろう。もし温容《おんよう》なる寛大なる誠実なる努力家を自分の友人とするならば、そのような性格を自分自身にもまた植えつけられるのである。

　ある種の友人はその人に対して一種の清涼剤的または強壮剤的効果をもっているのであってその人と一緒にいると何となくさわやかな感じがどこからともなく吹いてくるのである。これらは吾々にとっては人生のオアシスともなるのである。自分一人でいる時にはとうていなすこともいうこともできないような好《よ》い考えが、その人と一緒にいる時には湧き出てくるような友達もあるのである。良き友達は自分の心の刺激剤となってその能力をたかめ、その知能を優秀にし、感情を豊かにし、自分の中に美しき詩想《しそう》を湧きたたせてくれるのである。これに反してある種の人と接していると自分の気持が自《おのず》から滅入《めい》ってしまい、心が冷たくなり、魂がとざされてしまい、あらゆるよき想念の泉が枯渇《こかつ》してしまうような人もあるのである。だから友を選ぶことの大切なるはいかなる衣服や家具調度を選ぶよりも大切なことである。

　エマーソンは「わが生涯に最もなくてならぬものは吾々をして自分の中《うち》にあるところの

力を完全にひきだしてくれるところの誰かである。この役目は友達がしてくれるのである、よき友と席を同じゅうするとき、吾々《われわれ》は容易に偉大となるのである。よき友は吾々の中に宿るところの美徳をひきだしてくれる偉大なる磁石の働きをしてくれるのである。どんなにか良き友は吾々自身の中にある宝庫の扉を豊かにひらいてくれることであろう。別に、何を、その友に自分が尋《たず》ねるのでもない。何を了解したというのでもない。一言半句《ごんはんく》も言葉はいらないのである。ただ一緒にいるだけで互いの魂が開くのである。かくの如《ごと》き友こそ本当の交わりであるのである。真の友達はわが内在の可能性を二倍にし彼の力を自分に付加してくれ、自分に対してほとんど不可抗とも見えるものを可能ならしめてくれるのである」と良き友の価値について語っているのである。

吾々が時として人生の行路を歩みながら行きづまったような事柄に出くわすとき、よき友の忠告やはげましの言葉が自分の生涯の幸福への一転機を作ってくれることがあるものである。また何の才能もない、人から低能だと思われていた青年子女が、良き友達によってその美点を見出《みいだ》され、激励され、教えられることによって、自己の中《うち》に宿るところの大いなる力に目覚めて将来の発達進歩の契機をつかんだというような実例もたくさんあるのである。吾々は欠点を見つけてくれる友達よりも美点を見つけてほめてくれる友達をもつことにしなければならないのである。

シセロはこういっている「人生から友情というものを除き去ったならば、まるでこの世から太陽を除き去ったのと同じことである。なぜなら不滅の神から貰《もら》ったところのすべての賜物《たまもの》の中で友人にもましてよき賜物はないからである。」

しかしながら、よき友達を得ようと思ったならば、ただ「得よう」とばかり思ってはならないのである。この世界はすべて循環交流の世界であって、一方的なものではあり得ないのである。吾々は何物も与えないでいて、すべてを得るというようなことはできないのである。またすべてを与えながら何物も得られないということも断じてあり得ないのである。よき友を得ようと思うならば、まず自分がよき友とならなければならないのである。深切《しんせつ》を与える友、喜びを与える友、励ましと勇気づけと賞讃とを惜《お》しみなく与える友、相手の美点を認めてそれをひきだしてやる友にならなければならないのである。まず自分が人から愛されるようなそして人をひきつけるようなよき性質を養わなければならない。それには自分が愛深くならなければならないのである。もし自分がけちであり、利己主義であり、冷酷《れいこく》であり、何人《なんぴと》をも本当に愛しないでいながら、よき友を得ようと思ってもそれは決して得られないのである。与えただけのものが与え返されるのである。吾々は寛大でなければならないし、多くの人々を自分の胸の中に包んでしまうような広々とした心を持たなければならない。かかる広々とした胸の中にこそ多くのよき友が宿るのである。吾々はあまり狷介《けんかい》で人の欠点をさばきすぎるせまい心をもっていては良き友達は皆去ってしまうのである。清らかさということは必要であるが、あまりに狭量《きょうりょう》な清らかさは多くの友を容れることができないのである。人の欠点をさばく心の強い者の所にはその人の力になる人はやって来ない。吾々《われわれ》は万人に対して愛深くならなければならないのである。愛はさばかない、欠点を見ない、傷口の痛い所にふれないで、やわらかく愛の心で相手の欠点を繃帯《ほうたい》のように押し包んで、中から本当の生命《いのち》が現われてくるのをじっと待つ心でいるのである。かくの如《ごと》き大いなる愛、広々とした愛の持主の所にこそ多くのよき友が集まってくるのである。誰でもさばかれるのはいやであるし、賞《ほ》めてもらうのは嬉《うれ》しいのである。暗い人間は人に喜ばれないし、明るい人間は喜ばれる。欠点を見ない人間だけが本当に明るくなれるのであって、かくの如き人のみ本当の友達をひきよせることができるのである。

もし諸君がある人のために、単に社会的儀礼や、習慣的挨拶《あいさつ》のためではなく、本当に相手その人のために愛を以《もっ》て何事かを言うことができるならば、その相手はあなたの無我の愛にひきつけられてよき友とならずにはいられないのである。利己主義は相手と自分とを切り離すものであるから、その人が利己主義である限りに於《おい》て、よき友は得られるわけはないのである。世の中には「類を以て集まる」という法則が支配しているのであるから、もし自分が利己主義であって、集まってくる友達から何か甘い汁を吸ってやろうとのみ考えて友達を欲するならば、諸君の所に集まってくる人たちも、結局は「甘い汁を吸ってやろう」という目的で集まってくる利己主義者の群れにすぎないのである。すべて自分が相手に与えるとおりのものを自分もまた与えられるということは真実なことなのである。

もし諸君がこの人こそ自分が愛することができ、互いに末長く友達になろうと欲するならば、何の躊躇《ちゅうちょ》することもなく自分の中《うち》に感ずるところの友情を相手に対して表白せよ。「僕は君を愛する」とか「君はすばらしい」とか「僕は君に友情を感ずる」とか、遠慮なく自分の感情を相手に対して打ち明けることが必要なのである。友情を感じながらその友情を告白せず、相手の美点を認めながらその美点を讃歎《さんたん》せず、友達になりたいと思いながら、心の中でただむずがゆく思っているだけでは何事も得ることはできないのである。よき友を得ることは百万の紙幣を得ることよりも尊いのであるということを知るならば、よき友が目の前に現われているのに躊躇逡巡《ちゅうちょしゅんじゅん》することは要《い》らないのである。

ここにいかなる人間をも変化してよき友に一変するところの秘密がある、それはすこぶる簡単なることである。それはその人の不快なる面、欠点である点に全然ふれないで、ただ美点だけを認めて彼をほめ、そして彼の善さを信頼することである。人から欠点ばかり見つけられてこの人生に友なきことを憂《うれ》えていた彼は、欠点を一つも見ないで美点のみを見てほめてくれるところのその人をどんなにか高く評価し、その人のためには生命《いのち》をすててでもよき友とならずにはおれないに相違ないのである。

時として吾々にとって最もよき友であるのは、人間よりもよき著書であるという場合がある。ヘンリー・ビーチャーはこう言っている「ラスキンの著書をよんだところの人たちは、よむ前とよんだ後《あと》とはすっかり人間が変わってしまう」と。著書はその著者の生きている表現であるから、生きた人間がその人に与えると同じような感化を与えることができるのである。しかも著書は、その人に対してごく僅《わず》かな書籍代以外の何物をも要求しないのであって、全智能を傾けて諸君がそれから自分の好むよきものを、どれだけでも吸収するのを喜んで待っていてくれるのである。

次に心霊学的方法によって良き友を得る方法を述べてみよう。

もし諸君がよき友を得たいと思うならば、まず「神は愛である」と心の中《うち》に念ずるのである。「愛は自分を通して表現されつつあるのである。神がすべての人間を愛し給《たま》うかの如《ごと》く、自分もすべての人間を愛するのである。」こう毎日ある時間思念して、それを実行するために、周囲の人たちに本当に神の愛をそそぐつもりで深切《しんせつ》を尽くすのである。すると諸君の全身からは、愛の雰囲気が常に放散されて自然に周囲の人々を引きつけてよき友となすことができるのである。

第十二章　優しさと粘り強さの美徳について

あらゆる方策がつき、すべての努力が失敗に帰し、いかなる試みも挫折《ざせつ》し、万策《ばんさく》悉《ことごと》くつきてしまい、外交手段に訴えたがそれも無駄となり、熱情と理論とをもって協力を得ようと試みたが無駄となったその時にもなお解決の道はあり、なお前進の道はあるのである。その前進の道を称して「粘《ねば》り強さ」というのである。粘り強き人はいかなる失敗にもいかなる挫折にもいかなる困難にも辟易《へきえき》することなく、極寒《ごっかん》の雪をつんざいて薫《かお》り出《い》ずる梅花《ばいか》の如きものがあるのである。吾々《われわれ》は、この極寒の梅花の生き方に学ばなければならないのである。世の中の多くの成功者といわれる成功者で、多少とも困難に出くわさなかった人はないのである。しかも彼らが成功できた所以《ゆえん》は、その困難と戦って屈せず、その困難を試金石《しきんせき》とし、踏《ふ》まれたる麦がいかに踏みにじられてもいよいよますます分蘖《ぶんけつ》してその株数をふやして行くように粘り強き人のみがこの世界に於《お》いて勝利を得るのである。

粘り強き人は、人が失望落胆《らくたん》して投げだしてしまうときにもその目的に粘靭《ねんじん》にしがみついて放すということがないから、失望落胆して放してしまった人のものまでも自らが獲得することができるのである。粘り強き人は他の多くの人たちが気短く、いらいらし、すぐ興奮して相手との関係を不調和にしてしまうような時にも、感情の平静を失わず泰然自《たいぜんじ》若《じゃく》として常に相手の魂にくい入って勝利の道を発見するのである。そして普通の人が捨ててしまったところの大いなる機会を自分のみがつかむことができるのである。多くの才能ある人々が転々として最初の目的をすて、せっかく慣れかけて来た職業をすて、せっかく自分に好意をもちかけている協力者を気短く捨てさるような時にも、粘り強き人は遂《つい》に相手の心をとらえ、僅《わず》かなる機会を見逃《みのが》さずとらえて大いなる運命の機会とすることができるのである。

屈辱《くつじょく》に対して平静を失わざるものはすでに賢者《けんじゃ》である。侮辱《ぶじょく》に対してなお柔和《にゅうわ》を失わず態度の優美を保ち得るものは大徳《たいとく》である。罵詈讒謗《ばりざんぼう》に対してなおそれに感謝し、自己を改善するもっともよき機会なりとして相手に感謝する者は遂に相手の心を獲得することができるのである。もし諸君が世に立っていかなる時にも興奮せず、いかなる時にも立腹せず、常に平和と柔和と深切《しんせつ》と感謝との心を失わなければ、今までの反対者の声が悉《ことごと》く諸君に対する讃歎《さんたん》の声に変わるであろう。ただの粘り強さだけでは本当の効果はないのである。心柔和《こころにゅうわ》にして感謝にみちた粘り強さこそ遂《つい》に最後のものを獲得するのである。

一度これを成《な》さんと決意した目的は「すでに成れり」と信ずることによって「粘り強さ」がうまれてくるのである。「吾《われ》これをなさんと欲《ほっ》するは、神がこれをなさんと欲し給《たま》うのである」と信ぜよ。否応《いやおう》はないのである。すでに成就《じょうじゅ》せりである。借金があれば払えばいいのである。借金があるのは払う力があるからである。最近ある青年から聞いた話であるが、彼は、生長の家の神想観《しんそうかん》の一種である如意宝珠観《にょいほうじゅかん》を行なって、瞑目中《めいもくちゅう》に竜宮城のすばらしき美しさ、無限の財宝に満たされたる世界を心に描いて観じたのである、彼は恍《こう》惚《こつ》として心の世界の竜宮城に坐《ざ》すること三十分、やがて目を開いて、すぐ目の前にある現実の世界を五官の目を以《もっ》て見ると自分の住家《すみか》は古びたあばらやであって目の前には破れてボロボロになった襖《ふすま》が閉《しま》っているのである。何という竜宮城との相異であろう。今まで竜宮の絢爛《けんらん》たる世界を空想して心の中に見つめておっただけに、その対照として、現実の乏《とぼ》しい環境がことさらに目につくのである。「今ここ竜宮城」と彼は心の中に絶叫《ぜっきょう》すれども、現実の世界はいっこう変貌《へんぼう》しないで、古び破れた襖は依然《いぜん》として元《もと》のままである。その時彼は私がいつか講演会で話した「借金なら払えばいい。払わぬから払えぬのである。神なら払えるのである。そして人間は神の子であるから、必ず払えるのである」という言葉を思い出した。「そうだ襖が破れていたら新しく貼り変えればいいのである。はりかえる力はすでにあるのである。経師屋《きょうじや》をよんでくればいいのである。経師屋に支払う金はすでにあるのである」と彼は心の中で叫んだ。しかし彼はまだ経師屋に払う金は現実にはもっていなかったけれども、彼はさっそく経師屋を呼んで来て、その襖をはりかえさせたのである。いよいよ襖が新調のように新しくなって経師屋からもたらされる日がやって来た。しかし彼はまだ現実にはそれに支払う金はないのである。その時彼は「すでに襖ははり変えられたのである。それに支払う金はすでに神から与えられているのである」と再び心の中で絶叫した。その日の夕方のこと、彼は謄写《とうしゃ》印刷を片手間《かたてま》に内職にしていたが、予期しないところから三日間ぶっ続けにやらなければ完成しないようなまとまった注文に接したのである。彼は三日間を俟《ま》つことなく、その晩一心不乱に一分間も休むことなく鉄筆をふるったのである。朝になってみたら三日間の仕事が一夜の中《うち》にすでに完成していたのであった。そしてその注文主からは予想より早くその仕事が完成したので喜ばれ、まとまった相当の大金を受けることができたのである。そして経師屋が襖を全部はり変えてもってきた時にはその代金を完全に支払うことができたのだった。このように「吾が欲する、すでに成就《じょうじゅ》せるなり」と、その初一念を貫徹するものは必ずそれが成就するのである。容易に屈服し、あるいは泣きごとをいい、あるいは泣きおとし、悲観的な言葉をのべるものは、決して目的を貫徹《かんてつ》することはできないのである。

吾々《われわれ》は泣きごとをいい、泣きついてくる者を、可哀《かわい》そうには思うけれども、大いにその人に出資して大事業をなさせてやろうなどとは思わないのである。それはそういう泣き言をいう雰囲気が成功の雰囲気をもっていないために、何人《なんぴと》からも信用されず成功の道が開かれながら、その道を歩むことができないのである。すべての明るき良きものは泣きごとをいう者の前からは逃げ出してしまうのである。もしその人が、どんな困難に処しても泣きごとをいわず、屈服せず、常に明るき希望にみちた、喜びと感謝との心を失わず、しかも目的に対して粘り強く努力する者ならばこの人こそ必ず大事をまかすに適した人であるとして大いなる仕事を委《ゆだ》ねられる時が来るのである。

困難に対して希望を失わず、平静を失わず、心の柔和を失わざるものは遂《つい》に相手の心を獲得するのである。柔和なる心と、それにふさわしき柔和なる態度は、いかなる反対者をも遂には自分の味方にひき入れてしまうことができるのである。もし諸君が、外交員であるならば、あるいは外務的な仕事にたずさわる人であるならば、態度のやさしい粘り強さは遂に相手を説服《せっぷく》して、自分の商談を順調に進歩せしめることができるのである。吾々はどんな荒々しい言葉の前にも、どんな罵詈讒謗《ばりざんぼう》の前にも常に微笑を含んで相手の善意を拝み出す力をもたなければならないのである。それこそが優しさの美徳である。いかなる人間も真に冷酷無情《れいこくむじょう》なる、あるいは残忍酷薄《ざんにんこくはく》なる本性《ほんしょう》は存在しないのである。吾々が常に粘り強く、しかも優しきやわらかなる態度を失うことなく、相手の善意を信じて、必ず彼は自分に対して誠実な好意をもっているものであると信じつづけるならば、遂に相手はそのとおりの善意を以《もっ》て諸君の前に現われるに相違ないのである。

ある年の夏、生長の家の講習が終わって森田のぶさんが会場を出ようとすると、一人の聴講生が森田さんに直接指導してもらいたいというのである。その誌友は「自分の夫は常に自分に対して罵詈讒謗を極めて二言目《ふたことめ》にはお前なんて気に入らぬから出て行けというのです。生長の家では夫のいうことを素直にきけという教えでございますから、夫が出て行けとおっしゃる時にはすなおに出て行ったらよろしゅうございますか」というのであった。それに対して森田さんはこう答えた。

「そうです、妻たるものは何でも夫のいうことを素直にきかねばなりません。しかし肉の耳で夫の言葉をきかないで、実相の耳で、実相の夫がいっている言葉をすなおにきかねばなりません。妻をきらったり憎んだりしている夫は本来ないのですから『お前は気にいらぬから出て行け』という時にも実相の耳できけば『あなたはいい子ちゃんだから、どうぞいつまでもやさしくしておってくれ』といっているんですよ。だからそういわれるたびごとに、あら嬉《うれ》しい私の夫は私によい奥さんだからおってくれといっているんだわと思いなさい」と教えたのであった。それから数日してその婦人は森田さんの所へお礼に来たのである。どんなに夫が荒々しい言葉で「お前は気にいらないから出て行ってくれ」という時にも、実相の夫は「お前は気に入ったからいつまでもやさしくしておってくれ」といっているのだと、嬉しい優しい顔をしてにこにことして夫につかえていると遂《つい》に夫が優しい優しい深切《しんせつ》な夫に変わってしまったというのである。こういうように柔和の精神、態度、表情を以《もっ》て終始一貫粘り強く貫く時にはどんなに好意をもっていない相手も、好意をもってくれるようになるのである。

柔らかい心の終始一貫こそ、万事を貫くところの粘り強さである。柳《やなぎ》に雪折れなしという諺《ことわざ》があるが、その柳の枝に愛念をそそいで終始一貫その枝に登りつこうとする粘り強い心の持主である蛙《かえる》は、遂にその柳の枝に登ることができるのである。

ここにも大いなる教訓がある。気持のよい時に、気持のよい相手に、気持のよい仕事に、粘り強く楽しい心持で接することは誰でもできることである。しかし誰でもできることしか成《な》し得ないようでは結局衆《しゅう》にぬきんでて偉大なる人物となることはできないのである。ののしられる時に柔和であり、反対される時に心を乱さず、侮辱《ぶじょく》される時に反感を起こさず、韓信《かんしん》の如《ごと》く微笑を含んで人の股《また》をくぐり得るようなものは、わずかの侮辱にも昂《こう》然《ぜん》として反抗する年少気鋭の者よりもいっそう偉大であり、遂に相手を征服して自分の味方となし得るのである。

醜《みにく》きもの、辛《つら》きもの、耐《た》え難《がた》きもの、これらから逃《のが》れんとする者は勇《ゆう》なき者である。醜《みぐる》しき仕事にも、他の逃れんとするが如き仕事にも、耐え難き罵詈《ばり》讒謗《ざんぼう》の下《もと》にも、忍び難き侮蔑の下《もと》にも、心を乱すことなく、柔和を失うことなく、微笑を含んで、よく自らの平静を保ち得るものは、よく一切の事物と人々とを征服して遂に自分がその支配者となることができるのである。なぜなら彼は自分自身の支配者であるからである。自分の怒りを克服《いか》し、興奮を克服し、すべてはしたなき感情を克服するものは、何よりも偉大なる征服者である。まず吾らは自分自身を征服し得て周囲を征服し得るのである。

かかる柔和なる執拗《しつおう》さをもつものは最初はこんなに侮辱されてもまだ無感覚でいるの

か、まるで蛙《かえる》の面《つら》に水のようだと軽蔑《けいべつ》されるかもしれないけれども、終始一貫柔和を打ち貫いて粘り強く持続することのできるものには、遂《つい》に人々の讃歎《さんたん》は集まり来たるのである。結局は周囲の反響は、自分の心の姿でしかないのである。諸君は次にあぐる実例を見ていかに柔和を持続する者が最後の勝利を得るかを知られるがよいであろう。

ある所に一人の娘があった。彼女は生長の家の花嫁学校「家庭光明寮」の卒業生であり、彼女の母親は白鳩会の東京の幹部をしていたのであった。彼女の父は生長の家に不賛成ではなかったがあまり熱心でもなかったし、またあまり理会《りかい》もしていなかったのである。自分の家が相当資産家であるものだから、自分の娘を嫁にやる男は相当の資産の持主であり、少なくとも東京帝大（注・現在は東京大学と改称されている）の出身でなければならないと主張するのであった。白鳩会の幹部であるその夫人は、自分の夫のその言葉に対して何でもすなおに神のみ心に従わなければならない。そんなに人間の我《が》で相手を限定してしまってはならない。どんな婿《むこ》でも神様が我々《われわれ》の娘に与えてやろうとおっしゃる相手ならよろこんで受けようではありませんか、というのであった。しかし娘の父は断じて自分の娘は資産家で帝大卒業生でなければならぬという希望を届《ま》げなかった。そこで夫人は「妻は夫に素直に従うのが生長の家の道である」というので、夫のいうがままにすることにしたのであった。やがて希望どおりの資産家の婿が見つかったのである。さて、そこへ嫁にやってみると立ち向かう人の心は鏡なりであって、こちらが先方の資産を条件にしていたとおりに向こうもこちらの資産を条件にしていたのであった。そしてちょうどその結婚の時が太平洋戦争中の衣料統制時代であったので、いかに資産家であったとはいえ、嫁入り支度《じ》の中《たく》《うち》にありとあらゆる種類の衣装《いしょう》をそろえることができなかったのが婿側の母親（姑《しゅうとめ》）の不平であった。時に何かの行事があるごとに、本式に着なければならない衣裳が一つでも不揃《ふぞろい》であると、その姑は嫁に対して「実家へ行ってそれをもって来い！」というのであった。実家へ帰っても衣料の統制時代で手に入らないのにきまっている。ただそれは嫁をいじめるための手段としての姑の憎まれ口にすぎなかった。度重《たびかさ》なるこの種類のいじめ方に、嫁はとてもたえがたかったがそれでも柔和に堪《た》えていたのであった。しかし姑の荒々しい心はまだ和《やわ》らがなかった。そして遂には「わたしはお前を家《うち》の嫁にもらったのではない。お前の家は金持であるからお前の支度《したく》をあてにしてもらったのだ。それなのにそんなに支度がととのわないのでは帰ってもらうより仕方がない。しかしわしの方から帰れとは決していわぬ。わしの方から帰らしたらお前がせっかくもってきた支度をもたせてかえらせねばならぬから、そんなことはいわぬ。その代りに私はお前をいじめて、いじめて、お前が自分で逃げて帰るようにし向けてやるのだ。そうすればお前のもって来た支度は里へもって帰ることができないから」というのであった。姑がそんなに邪見《じゃけん》な心であっても、嫁《とつ》いだ夫がやさしくしてくれたら、なお忍びようがあったであろうが、夫も姑も一緒になって同じことをいうのであった。白鳩会の幹部であった彼女の母親は、自分の娘が嫁入り先でこのように苦しめられているのを知ると、この結婚をどういうように処置すべきであるかと、私の所へ相談に来たのであった。

常識で考えてみれば、明らかに彼女の嫁入り先の姑《しゅうとめ》も、夫も、彼女自身をもらったのではなく、支度《したく》を嫁にもらったというのであるから「嫁」という人格的存在を嫁にもらったのではない、従って人格的にはこの結婚は最初から成立していないのである。だからこの結婚は当然解消する方が道徳的に正しいのであると私は考えたのであったが、私の一言で一家の運命が左右されるという大問題であるので、私はその場で即答《そくとう》しなかった。そして「神に祈って、神の御心《み》をきいてから明日返事をいたします」と答えたのであった。

翌日は日曜日であって、私は講堂へ出て講演することになっていた。講演の中でインスピレーションに導かれるがままに、日本刀ができ上がるまでの工程について私は話したのであった。

「日本刀が明皎々《めいこうこう》たる逸物《いちもつ》になるまでに鍛えられる工程には、鉄の鉱石をまず溶鉱炉《ようこうろ》の中にたたきこみ熱い熱い目に合わせて、やっと鉄の素材ができる。その鉄の素材を炉の中に入れ真赤に焼き、更《さら》に鉄鎚《てっつい》を以《もっ》て痛い痛い目にたたきつけるのである。また冷《さ》めてくると、更に高熱の炉にほりこみ、それをだして打ち据《す》える。幾度《いくたび》も幾度もかくの如《ごと》きことをくりかえして遂《つい》に一定の刀の形にまで造られるのである。しかしその刀はまだ鍛造《たんぞう》そのままの黒皮であって明皎々どころの騒ぎではないのである。その黒皮は鉄槌の痕《あと》を全面に残して痘痕面《あばたづら》をしているのである。それをやわらかい仕上げ砥石《といし》などで砥《と》いでいるようでは、とうてい百年まっても完全なる切れ味の日本刀にはならないのである。だから目のあらい荒々しい荒砥《あらと》を以て摩擦せられるのである。自分にふれる相手の荒々しさは、自分自身の荒々しい程度と同じものであるのである。日本刀の刀面がなめらかになってくるに従って砥石はなめらかなものと取り変えられる。そして最後にすべすべした肌ざわりのように、滑《なめら》かな仕上げ砥石で仕上げられるのである。かくて本当に研《と》ぎの終わった日本刀は、奉書の紙でもまだ硬すぎるというので、奉書を丁寧《ていねい》にもんでやわらかくして打粉《うちこ》をつけて磨かれ、いよいよ完成した刃《やいば》の匂いともいうべき光を放つのである。それと同じように人間の環境も自分の心と同じ程度の荒々しさが現われてくるのである。それは結局、自分自身の魂を磨いてくださる自分自身の魂と同じ荒々しさ又は柔らかさが出てくるのである。それに対し吾々《われわれ》はいと従順なる柔和なる心を以て感謝をもって享《う》ける時、速《すみや》かに魂がなめらかになるのである。」

　私がこのようなことを話して、ふと道場の右側を見ると、私を注視して一心に聴いている婦人があった。それは嫁入り先でいじめられている娘の母親なる白鳩会の幹部の人であった。彼女は後にわかったところによると、その私の講演を、前日の人生相談に対する返事であると受けとった。そして彼女はもう離婚しないことに決心し、どんな荒々しい堪えがたき環境が現われて来ても、柔和と粘り強さとをもってその環境を喜び受けるよう娘に言い送ったのであった。娘も光明寮の卒業生であるだけにその意味がよくわかった。そしてどんなにいい罵《ののし》られても、相手を仏とし、観世音菩薩《かんぜおんぼさつ》として、感謝して感謝してどこまでも粘り強く喜び受けようと決心し、それを実践したのであった。やがてその意地悪の如《ごと》く見えた姑《しゅうとめ》も夫も一変《いっぺん》してやさしいやさしい母となり夫となる時が来たのであって、今では彼女はまるで天国浄土《じょうど》にいるように姑および夫から、実子も及ばないほどの愛情を以《もっ》て愛され、天国浄土を地上に実現したごとくなっているというのである。ともかくいかなる不調和の環境も、敵対する相手も、それに対する柔和なる粘り強き忍従《にんじゅう》によって克服されないものはないのである。少々の苦々《にがにが》しい環境、嘲罵《ちょうば》、侮辱等に面して、たちまち動揺し逃げだそうと考え、終始一貫した粘り強さを失うものは、どこへ行っても、自分に対してやさしき環境を見出《みいだ》すことはできないのである。なぜならその人の魂はまだ荒々しい砥石によって磨かれる必要があるからである。最後に環境を征服するものは結局はどんな周囲の圧迫にも動ぜず、心の平静を失わず、柔らかさとやさしさとをもって忍従する者は遂に勝利者となることができるのである。柔和なる粘り強さ――これこそは世に今後出《い》でんとする人達になくてならぬところの一つの資格であるのである。

第十三章　艱難《かんなん》の生み出す力

米国大統領シオドル・ルーズヴェルトは、かつてワシントンに於《お》いて行なった演説に於て「アメリカ市民の大多数が人生に於て何か打撃を受けた時に、ときどき他の国民がやるように退嬰《たいえい》してしまうということは誠に嘆かわしきことである。しかし、自分は言いたい、再び起《た》って敗北より勝利をもぎとり来《き》たれ」と述べたことがある。この再び立って敗北より勝利をもぎとり来たれということが、自分が現代の青年に対して与えたいところの教訓であるのである。『生長の家家族の祈願及《および》修養』にも「たとい躓《つまず》くことありとも、その刹《せつ》那《な》に立ち上がりて光明に面せんことを期す」というのがあるが、これがすべて人生に於て勇敢高邁《ゆうかんこうまい》に成功をかち得た人たちの秘訣であるのである。過去に於ていかなる苦《にが》き辛《つら》き経験があろうとも、そんなものに心が捉《とら》えられてはならないのである。目の前にあるところの現象を越え、艱難を超えて、吾々《われわれ》は実相の世界にすでにあるところの成功を見なければならないのである。諸君は今まで成《な》さんと欲《ほっ》したところのある事物に失敗したかもしれない。ある計画に挫《ざ》折《せつ》したかもしれない。ある学校の入試試験に敗れたかもしれない。あるいは恋する相手の愛情を獲得するのに失敗したかも知れない。しかしいつまでもその失敗や蹉跌《さてつ》に心を捉《とら》えられて前進することができないものは凡庸《ぼんよう》の徒であるのである。真に神の子なる強者は決して目前の小さな失敗に捉われはしないのである。困難こそ人間神の子の、その力量を試《ため》すところのよきテストであるのである。外部にあるところの一切の物が失われた後にこそ、自己の中《うち》に、真にいかなる力が残っているかを試すべき好機会があるのである。もし、周囲のすべての状態が面白くなく、希望が失われたというので、もう前進することもできず、失望してしまって、そこに諸君が斃《たお》れてしまうならば、諸君自身の中《うち》には何ものも存在しなかったということを暴露《ばくろ》するにすぎないのである。いかなる逆境に対しても毅然《きぜん》として屈服せず、自分自身の力に対する信念を失わず、倒れても倒れても起き上がり、前進また前進する者は、与えられた困難よりもなお偉大なるものが自己の中《うち》に宿っていたということを証明するものである。

あまりにもたびたびの苦労艱難《かんなん》に遭《あ》ったために、もうとうてい起き上がることができないのであるなどと言う者は自己が困難よりも小さきものであったということを暴露しているのである。何たる愚《おろ》かなることであろう。無限力を内に包蔵《ほうぞう》する自己の真性を知らなければならないのである。汝《なんじ》の真性は神性《しんせい》であり全能であって、打ち克《か》ち難《がた》きものであるのだ。諸君の真性にとってはどんな失敗も存在しようがないのである。いくたび失敗が来たように見えようとも、それはただ成功が来たるところの基礎工事にすぎないのである。大いなる建物の基礎工事には重き重錘《じゅうすい》を以《もっ》て基礎固めをしなければならないのである。大地は打てば打つほどその基礎が固くなり、その上になおいっそう大いなる建物をのせることができるのである。世界の歴史に残っているほどの偉人といわれる偉人は、必ず失敗を通し困難を通して、遂《つい》に自己がただの石炭であるかダイヤモンドであるかを試して来たのである。いかなる失敗にも真に自己の神性を自覚し勇気を失わず、自信を失わず斃《たお》れてもまた起き上がって前進する者は常にその目的を遂《と》げ得《う》るのである。

諸君の中《うち》に勇気があり、果断《かだん》があり剛毅《ごうき》にして、いかなる困難にも決して枉屈《おうくつ》してしまわない力を自覚するならば、すべての不幸も失敗も艱難も結局諸君を強くするものにすぎないのである。ある人はその人の人生が万事滑《ばんじなめ》らかに運んでいる間はいかにも立派に悠々《ゆうゆう》と強者の如く生活していたのであるが一度《ひとたび》何か外界に事件が起こり、その事件に巻き込まれ、失敗が相継いで起こり今まで持てるすべてのものが失われてしまうようになると、今までの尊大ぶった強者の姿はなくなってしまい、失望と、落胆と、憂鬱《ゆううつ》とに打ちくだかれて、再び起き上がって進む力を失ってしまうのである。こんな人は真に強者とも勇者ともいうことはできないのである。かかる不幸の時、人生の危機に際してのみその人が純金かメッキであるかが試《ため》されるのである。

いかなる失敗の底にあっても立ち上がる希望が全然ないということはあり得ないのである。もしその人が真に勇気があるならばいかなる困難を迎えてもなおいっそう自己を強きものとすることができるのである。すべてのものが失われようとも、勇気、それを失ってはならないのだ。汝《なんじ》の男らしさを断じて失ってはならないのである。その勇気と男らしさとこそはすべての困難の扉を開いて前進せしめる鍵であるのだ。

真に偉大なる人はいかなる困難が来ようとも、それを自分の心の日記に書きとめておこうなどとは考えないのである。それらを歴史に保存すべきほどの重大な問題だとは認めないのである。かかる人にとってはただ勝利のみが自己の歴史に記載さるべき価値があるべきものであるのである。いかなる逆境も、困難も、失敗も、彼を永久に押しつぶしてしまうほどには強大なものではないのである。かかる人はいかなる失敗に面しても平静を失わない。弱い人が屈服して、ふらふらになっているとき強者は毅然《きぜん》としてその平静を保つのである。どんなに荒れ狂う台風の中に於《おい》ても巨大なる巌石《がんせき》は一ミリすらもゆれることなく、儼然《げんぜん》として不動の状態を続けるのである。ウェンデル・フィリップスという人は「失敗とは何ぞや？　なおいっそう高きものに達する第一歩でしかない」といっているのである。天理教祖は「難儀《なんぎ》は節《ふし》や、節から芽が出る」といっているのである。多くの偉大なる人たちはその努力が繰り返し繰り返し失敗した後に於てのみ成功したのである。もしこれらの人々が一度も失敗に遭遇しなかったならば、真に大なる成功を得ることはできなかったに相違ないのである。失敗の中《うち》には、真に勇気ある新しい決意を促がし、自己の中に埋蔵されているところの驚くべき力をひきだすための何物かが含まれているのである。もしのんびりと、人生に暴風雨もなく、敵対する相手もなく、困難なる条件もなく、人間がずんべんだらりと寝て暮らすことができるならば、真に偉大なる力は、たといその人に宿っているにしても発現しなかったに違いないのである。困難と逆境とのみが、平凡と見える人の中《うち》から勇者と天才とを生みだすのである。懶《なま》け者を鍛《きた》えている中《うち》に真に偉大なる人間が現われてくるのである。そのきたえる役目をするものが逆境であり困難である。いつも飼主に轡《くつわ》をとってもらって安全な道ばかり連れ歩いてもらっている馬は、その勇敢なる力を発揮することはできないのである。轡を放され自分で自分の行路を進んで行かねばならないというようになった時にのみ、馬はその野生のたくましい力を発揮することができるのである。

まことに「真実の自分」を発見することが大切である。真実の自分は甘やかされた環境に於ては自らの偉大なる力を現わさないのである。破滅が近づいて来《き》、「偽物《にせもの》の自分」ではもうどうすることもできないようになった時に於てのみ、「真実の自分」の実相が現われてくるのである。人間の「真実の自分」は神の子であるからいかなる逆境をも転じて幸運とし、いかなる禍《わざわい》をも転じて福となすことができるのである。

富豪の豊かなる家庭に生まれて、努力しないでも生活できる状態にあった時には、何の能力もない平凡な青年にすぎなかった者が、一たび親の家業が失敗し、自分の力で一人で立たなければならなかった時に、無限の力と無限の才能とが湧きでて来て、その困難ととり組んで遂《つい》に困難を克服して偉大なる能力を発揮し得た実例は多いのである。困難と、一見絶望と見えるような惨憺《さんたん》たる状態とは、彼に埋蔵《まいぞう》されている無限の力を刺激して、以前にはとてもできるはずがないと思わせていたような偉大なる仕事もできるようにしてくれるのである。困難が来るまでには、まさか自分の中《うち》にはこんな偉大な力が宿っていようとは夢にすら思わなかったような偉大なる力が湧《わ》き出てくるのである。

豊かな富豪の家庭に育った娘が嫁に行く、そして結婚した愛する夫がその職業に失敗し、更にまた病気になって斃《たお》れてしまう。そして老いたる父母と、病《や》める夫と、数人の子供とを、自分一人で育てなければならないというようになった時に、彼女は必ず何とかしてそれをやりとげて行く実例を多く世間に見るのである。これは何故《なぜ》であろうか、すべての人間には、平和の時には気がつかないようなすばらしい能力が自分の中《うち》に宿っているからなのである。

誰でもいざという危急《ききゅう》の場合には日頃の数倍の力がでるのである。困難は一寸法師を巨人の如《ごと》く偉大ならしめ、凡庸《ぼんよう》なる人間を英雄にまで鍛え上げる。もし吾々《われわれ》が、困難のきたらない時にもすでに困難のきたった時と同じように自分の中《うち》に埋蔵されたる無限力を引きだし得る方法を体得することができるならば、彼は必ずや驚くべき偉大なる人物にまで伸びるに相違ないのである。神の造りたまえる万物の中で、神の最も完全なる肖像として造られたる人間がただの平凡なすことのない普通人で終わるべきはずがないのである。それは神の創造の失敗でもなければ、人間にその力が宿っていないのでもないのである。ただ吾々がその力を出さないのにすぎないのである。その力を外界から拍車をかけて発揮するようにしてくれるものが、外界からの打撃である。フットボールのボールは蹴《け》られることによってそのバウンドする力をますのである。人間もけられればけられるほど伸び上がる。吾々は困難や、失敗や、周囲の嘲笑《ちょうしょう》を恐れたりなどしてはならないのである。

誰でも一生涯の中《うち》にはとてもたえることのできないと思われるような困難に面することがあるのが普通である。しかしそれは決して吾々をやっつけるために来たるところの困難ではないのであって、それに感謝し、その困難が自分に与えるところのよき効果を礼讃《らいさん》し、自分に堪《た》えられないような困難は神が決して与え給《たま》わないのであるということを、信じてそれを克服して行くならば、これは自分を破壊するものだと思っていたようなものが却《かえ》って自分をよくしてくれるところのものに変化するのである。吾々のなすべきことは人生のあらゆる課題は自分にとって、総《すべ》てよいものであり、それを解決することによって自己内在の「真実の自分」の力がいっそうはっきり実現させてくれるものであると信じてその問題を自ら解決するように努力することである。

第十四章　決意の青年たれ

　自分の養成したい善《よ》き青年は、積極的な、意志の強い、精力旺盛《おうせい》な、一たん決意したならば断乎《だんこ》としてそれをやり通すところの毅然《きぜん》たる青年である。環境がいかにあろうとも、周囲の意見がいかにあろうとも、一たん決意したならば、断じてそれを遂行《すいこう》して決して人の意見に惑《まど》わされるということのない人物である。かかる青年は必ず世に立って指導者となり多くの人々を自分の意志のままに動かして行くことのできる人であるのである。

　およそ決意がなければ何事をも成就《じょうじゅ》するものではないのである。鞏固《きょうこ》なる決意は時計のぜんまいのような働きをするのである。静かに時をきざんで動いている時計の二本の針の背後には、断乎としてこの時計を動かさずんば止《や》まずというところの決意を以《もっ》て歯車を時々刻々《じじこくこく》押し進めているところのぜんまいがあるのである。それと同じくいかなる仕事でもそれが大いなる仕事であればあるほど、その仕事が滑《なめら》かに、静かに進行しつつあるかの如《ごと》く見えている時でも、断乎としてその事業をやりぬく決意ある人の意志の力が働いているのである。時計の針は決して逆転したりふらふらしたりしてはならないのである。一度決意したる方向に精確《せいかく》に進んで行くことによってのみ時計の使命が果たされるのである。人間も一度一定の方向に決意した以上は、周囲の批評や、一見面白くないように思われる環境が現われてきても断乎として一定の方向に進まなければならないのである。ペレー火山が爆発して、セント・ピエールの町に恐怖すべき惨害《さんがい》がひき起こされた時のことであった。ピエールの港に船荷を積んでいたところの、イタリヤの帆船《はんせん》オルサリナー号の船長マリノ・レボフェはペレー山の爆発前徴候を感知して、今まで継続していた船荷を積むのをやめて直《ただ》ちに出港することを決意したのであった。その船長を雇っていた荷主たちはそれに大反対をして船長を拘禁《こうきん》しようとまでしたのであった。しかしながら船長は断じて決意を曲げなかったのである。荷主たちはペレー山は安全である、積荷を半分で放棄《ほうき》し出帆《しゅっぱん》してしては困るではないかと大いに憤激《ふんげき》して彼をひきとめようとしたのであるが、船長レボフェは「ペレー山が噴火しようとしまいがそんなことは問題でないのである、もしベスビアス山が今のような徴候《ちょうこう》を示していたならば断じて私はナポリを去るであろう。自分は一たん決意したことは曲げることはできないのである。」こう言って彼は遂《つい》に積荷を半分終わったままで出港したのであった。ところがその二十四時間後にとうとうペレー山は爆発したのである。荷主たちと二人の税官吏とはセント・ピエールの災害で死んでしまったのである。これに反してオルサリナー号は一たん決意したならば断じて曲げないレボフェ船長とその乗組員をのせて、沖合遥《はる》かにフランスに向けて航行を続けたのであった。ここに鞏固《きょうこ》なる意志が多くの人命を救うことのできたところの一つの実例があるのであって、もしレボフェ船長が周囲のもろもろの意見に惑わされていたならば彼自身もこの災害にあっていたのである。

こういったからとて、私は他の諫言《かんげん》を悉《ことごと》く排斥《はいせき》して我《が》を立て通すような強情さを奨励するのではないのである。吾々《われわれ》は他の人の忠告をきくべき時にはきかなければならないのである。しかし一度熟慮《じゅくりょ》し決意したる以上はそれを必ず断行する果断《かだん》の人とならなければならないのである。強き人は自らが自己の人生のプログラムを作るのだ。しかし弱き人は他《ひと》の作ったプログラムの上を歩むにすぎないのである。自らプログラムを作る人はこの世界に於《お》いて主人公となることができるが、他《ひと》の作ったプログラムの上を歩む人はいつまでも他の奴隷とならなければならないのである。

断乎《だんこ》として一度決意したるプログラムを歩む人は自《おのず》からリーダーとなり、一種の磁石的力をもって総《すべ》ての人をひきつけすべての人をその指導のままに動かすところがあるのである。彼が東に進むときには群衆も東に進むのである。彼が西に進むときには群衆も西に進むのである。群衆のみならず彼の意志のまにまに運命も彼の決意の後に続いて歩むのである。彼は彼自身の主人公となるのである。

かくの如《ごと》き人をリーダーとする団体は自《おのず》から栄えてくるが、一度このリーダーがその団体から退《ひ》く時にはまるで時計のぜんまいが切れてしまったかの如くその団体は滑《なめら》かな動きを失ってしまうのである。そういう実例は随分《ずいぶん》たくさんあるのである。ロバート・ボンネル氏の創刊した『ニューヨーク・レッジャー』の如きはそれであって彼の豪胆《ごうたん》なる独創的な営業方法によってそれはとるにも足らぬ小さい新聞であった『マーチャント・レッジャー』から一躍有名なる経済新聞にまで発展したのであるが、彼がそれを主宰しなくなってから直《ただ》ちにその名声は地に落ちてしまったのである。

ある事業の指導者となりあるいは首脳者となる人は真に千人に一人というように多くは存在しないのである。何故《なぜ》かくの如き人々がそんなに多く出現しないかといえば誰でも真先に進んで行くことよりも人がやってみて安全であるとわかった道を歩んで行く方がまちがいがないと思うからである。誰でも自分から荊棘《けいきょく》を切り開いて行くのは困難であるが他《ひと》の開いた道を歩んで行くのは楽であるからである。また人をひきつけて行くよりも、車にのせてひっぱってもらう方が楽であるからである。しかし人を頼《たよ》る者は、そしてただの完全のみを求めて他《ひと》の歩んだ足跡《そくせき》のみを歩んで行く人には、人よりすぐれた大業《たいぎょう》ができるということはないのである。

石橋を叩《たた》いて歩むのは確実であるようだけれども新しき道には決して石橋はかかっていないのである。石橋を見出《みいだ》してから、それを叩いて前進しようと思う者は、常に他の後塵《こうじん》をはいしていなければならないのである。常に動揺し左に顧《かえり》み右に躊躇《ちゅうちょ》し自分自身すらもどちらを向いて行っていいかわからないようでは、他の人は安《やす》んじて彼について行くことはできないのである。自分の方向がわからないでふらふらしている者はいかなる目的地にも到達することはできないのである。他《ひと》に先んじて首脳者となろうと思うものは決意断行の習慣をつけるようにしなければならないのである。熟慮《じゅくりょ》はしなければならない。あらゆる材料は比較考慮《こうりょ》しなければならない。しかしいつまでも右しようか左しようかまた新しい条件が起こるかも知れぬと思って決意をいつまでもひき伸ばしているのでは、結局機会を見逃《みのが》してしまうにすぎないのである。だから熟慮することにも比較考慮することにもそれぞれその程度があるのである。ある程度まで資料を蒐集《しゅうしゅう》して判断を下した以上は断乎としてその決意に向かって突進しなければならないのである。時として彼はまちがうかも知れない。時として彼は方向をあやまるかもしれない。時として彼はつまずくかもしれない。けれどもいつまでも躊躇逡巡《ちゅうちょしゅんじゅん》一歩も進まないものよりもその得るところは大である。決意の習慣性をその性格の上に築き上げることができただけでも大いなる獲得であるのである。もしつまずけば立ち上がればいいのである。ただ確実性のみを重んじて他《ひと》が後ろからつきおとしてくれるまでは断じて河にとびこまないというような臆病者《おくびょうもの》はいつまでたっても対岸に達することはできないのである。

「世の中で最も憐《あわ》れむべき者は天秤《てんびん》の分銅《ふんどう》式の人間である」とマーデンは言っている。一グラムや二グラムの上がり下がりでいつまでたっても、どの目盛りを目標として進んでいいかがわからないのである。甲を秤量《ひょうりょう》し、乙を考慮し甲と乙との僅《わず》かの分銅の相違にいつまでも決定がつかないのである。そして遂《つい》に最後に一方の皿に分銅をなげこんでくれたある人の意見に従ってしまうのである。そういう人は自分で自分の生活をするのではなくして偶然に他《ひと》がなげた骰子《さいころ》によって生活するのである。どんな賽《さい》の目がでるかはただの偶然に委《ゆだ》ねられているのである。そういう人を決して人は信用するものではないのである。

多くの人々が失敗するのはこのようにして最後に誰かが投げたところの賽《さい》の目に従うのみで自分自身に一定の定見《ていけん》がないからである。彼の前にはいろいろの不安がみちているのである。「吾《われ》これをなさんと欲《ほっ》す。神がこれをなさしめ給《たま》うのである」というような信念だにあるならば、吾々は決して「偶然」の奴隷となることはないのである。自分自身が前途に必ず成功があるとの自信がなく、不安に満たされているときに、彼の前になげられた運命の骰子《さいころ》はきっとその不安を反映して、結局よくない結果を導き出すような方法を教えているのである。彼はそれに従って、自分自身の不安の反映として失敗するのである。このように前途に暗い不安ばかり描きながら終始動揺してる自分自身の判断力を信ずることができないと同時に、人からも彼の判断の確実性を信じてもらうことができないのである。したがって彼には誰もついて来ないのである。誰もついてこない仕事は結局失敗するほかはないのである。

もっと証拠がはっきりと現われるまでは決定するのはまだ早いと考えていつまでたってても決定することのできないものは、結局決意の時機を失ってしまうのである。こんな愚かな人もある。手紙を書いても、何か変わった問題がおこるかもしれぬというので、書いた手紙をポストへ入れる最後の瞬間までそれに封をするのが恐ろしいのである。更に愚《おろ》かな人もある。せっかく書いて封をした手紙を何か書き違ってはいないかと何遍《なんべん》でも何遍でもその封を開いてまた読み直すのである。更に甚《はなは》だしいのになると手紙をすでに発信しておきながらあとから電報を打って「イマノテガミヒラカズニオカエシヲコウ」などと面倒《めんどう》なことをするのである。諸君はこれを読んでいながら笑い出したかも知れない。しかし諸君はこれが簡単な手紙の問題であるから笑うのである。しかし実際決意すべき仕事を何遍も封を切っては破る式に、またいったん人に発表しておいてはすぐそれを打ち消す式に動揺極《きわ》まりなくやっている人は随分《ずいぶん》たくさんあるのである。諸君はこのような意志薄弱な人となってはならないのである。

婦人にはよくある実例ではあるが、百貨店へ物を買いに行く。彼女は第一印象がもっとも正しきものであるということに気がつかないのである。そして一つの品物を買うのに五、六箇所の百貨店と、十数箇所の専門店を、電車でのりかえのりかえして駆《か》け廻るのである。もっと安い品物はなかろうかと、少しばかりの価額を差をもうけようと走り廻った末に、結局得られるものといっては着物の裾《すそ》と履物《はきもの》とがいっそう禿《ち》びたことによって却《かえ》って損をしているということである。そして彼女の一日の生命は無駄に浪費されたのである。彼女は店へ入るとあちらの番台で品物を出してもらってそれをひきずり廻して、次の番台の品物と比較するのである。日光にすかしてみたり、自分の位置を変えてみたり、真《まっ》直《すぐ》にみたり、斜めにみたり、それはそれは仰山《ぎょうさん》なことである。そして彼女自身にも一体どんなのが欲しいのかわからないのである。彼女は温かい着物が欲しいのだが、あまり重くないのがいいし、そして春先にも着られる部厚《ぶあつ》すぎないのがいいなどと考える。これはさむい日はいいけれど暑い日には駄目であるから夏冬兼用のものはないかなどと考えたり、結局自分自身に決意がないから、自分自身の求めているものがわからないのである。せっかく何か買って来ても、それがいい買物をしたのか、悪い買物をしたのかいっこう見当がとれないで不安である。もう一遍《ぺん》あの百貨店へ行って、あちらのと取りかえて来たのがよかったのかなどと考える。しかし今さらとりかえるわけにも行かないし、ぐじぐじ思い煩《わずら》ってその日はそれで暮れてしまうのである。諸君はまた笑い出すかもしれないが、これは決して一婦人の問題ではないのである。ただのショッピングの問題ではないのである。諸君が人生に於《お》いて何かを決意しなければならない時に、この婦人があの品物をすかしてみたり、この品物を照らしてみたり、せっかく決意した後までもいろいろぐじぐじ思い煩ってその生命《いのち》を浪費しているのと同じように、男子ひとたび決意しなければならない事物の前に於て、波にゆられる小舟のようにふらついているようでは汝何《なんじ》ぞ男子と称することを得んやである。

およそ事物の判断は第一印象によるものが正しいのである。第一印象は事物の本質を直観によってとらえるのである。だから最初に全体の性質が把握されてあやまることが少ないのである。ところが常にとつおいつ思い煩《わずら》う人にとってはいろいろの外面的な材料がその事物の本質の判断をくらましてしまうことになるのである。表面の漣《さざなみ》のみを見ているようでは大海の本質はわからないのである。吾々《われわれ》は表面に浮かぶところの漣《さざなみ》を越えて大海の本質を判断しなければならないのである。偉大なる能力をもちながらその決意の力がなくして常に動揺していて一事を貫行《かんこう》する勇気なきがために生涯遂《つい》に目ぼしいことをなしとげ得なかったような人々は随分多くあるのである。諸君はそのような不決断の人になってはならないのである。多くの場合に於《お》いて、最初に思い浮かんだことを断じて実行するようにした人がこの世で成功者となっているのである。

河に一つの橋をかけるにしてもどこに橋桁《はしげた》をもって行けばいいのであるかそれを定めることができないで、ここの方がよかろうかあそこの方がよかろうかと思案に日を暮らしているようでは、いつまでたっても橋はかからないのである。おそらく橋桁は、もし決意を以《もっ》て橋をかける場合には、どこへもっていっても橋はかかるのではないか、躊躇逡巡《ちゅうちょしゅんじゅん》に日が暮れているのでは橋がかからないばかりか、その河を渡ることはできないのである。決意のみが橋をかけてその人を渡すのである。橋をかけてその橋を渡った後には、再びふりかえって、その橋を渡らなかった方がよかったなどと迷ったことを考えてはならないのである。吾々は渡ってしまったあとの橋を、断じてそこからまいもどらないように、焼きすててしまうほどの勇気をもたなければならないのである。もしこの橋を渡ったことがまちがいであったならばそこから再びひき返すことができるように逃げ道をこしらえておこうなどと考えてはならないのである。一度決意したならばただ前進あるのみである。

躊躇逡巡は無謀なる前進よりもなおいっそう危険であるのである。戦場の体験に於ても前進している最中よりも敗北して躊躇している時に弾《たま》が多く当たるといわれている。吾々は後退する逃げ道を封じてしまった時に於て、自己の中《うち》に宿るすべての力が一方向に向かうのである。関東大震災に於て家が倒れまさに自分の身辺に火が燃えつかんとした刹那《せつな》、今まで動くことのできなかった中風患者が突如として走りだしたという実例もあるのである。ベッドに頼《たよ》り椅子に頼り、どこかに逃げ道をこしらえていた間は彼の全生命は眠っていて中風を癒《いや》すことができなかったのである。中風を癒すよりほかに逃《のが》れる道がないと知って、彼の全生命が中風を癒すことに集中した時彼は癒《い》えて走りだしたのである。

吾々の決意の力というものは、かくの如く不治病も癒し、不可能も可能とするのである。決意の前には不可能というものがないということを知る者には、躊躇逡巡、左顧右眄《さこうべん》することはないのである。一度吾々の血液の中に左顧右眄する習慣のバクテリヤが侵入してくるならば、この黴菌《ばいきん》は青年の若々しき積極的な精神をも侵蝕《しんしょく》しその容貌も奪いとって、せっかくの有為《ゆうい》なる人材をこの世に生かすところの活力を枯渇《こかつ》せしめることになるのである。明日と言うこと勿《なか》れ。今諸君には決意すべきことがあるのである。よいと思ったことをすぐ実行するのが天才である。

日々新たによきことを実践すべく決意せよ。毎日決意を積み重ねていかなる時にも躊《ちゅう》躇逡《ちょしゅん》巡《じゅん》することなき習慣を青年の時から養っておくべきであるのである。

もしこの習慣が完全に養成され万事に対して速《すみや》かに決意することができるようになった時には、諸君は事に対して常に明快な判断を下し真に自分が事物の主人公として運命を支配するところの勝利の牌《ふだ》を握っていることを自覚することができるようになるであろう。自分は決して早急なる判断をすすめるのではないのである。熟慮は必要であり、得られる限りの資材を集めて考慮すべきはしなければならないのであるが、常に正しき直覚に指導せられて思い切りよく決意することが必要なのである。最初の判断は間違うことがあるかも知れない。しかしそれを重ねて行くうちに第一印象の正確さはいよいよ完全なる程度にまで発達し、諸君はいよいよ世に立って重大なる問題について決意しなければならない時に、なんらの躊躇なく、しかもなんらの錯誤《さくご》もなく、即決実行し得るところの力を得るのである。もし諸君が事物に面して断行する勇気を欠くならば、かのペレー山の爆発に犠牲になった人々のように人生にもっとも不幸な籤《くじ》を引きあてることになるのである。

人がこの世に成功するためには必ずしも多芸多才ということはいらないのである。一能力にすぐれたならばこの世に於《お》いて雄飛することができるのである。現代の学校教育に於ては、おおむねあらゆる学科が平等に成績のよい者を優良だと認められているが故《ゆえ》に、時とすればある特殊の才能に於てすぐれている天才児童は不合格の点数をつけられることがあるのである。大発明家エジソンもいろいろの学科の成績が不良であるからという理由で退学を命ぜられたということである。エジソンのみならず、学校時代に於てあまりすぐれた成績を得なかった人が、社会に出て人にすぐれた成績をあげている場合が随分《ずいぶん》たびたびあるのである。吾々《われわれ》は彼を学校時代には低能児であると笑ったのであるが、なぜ彼が学校以後の成績に於て普通の人にぬきんでることができたのであろうと考えてみると、彼は多芸多才でないけれども、一つの定《き》めた目的に向かって亀のようにこつこつとして進んで行ったからである。多芸多才で途中でい眠っているようではあの怜悧《れいり》な兎のように遂《つい》に最後のゴールに於て敗北を見るのである。

神は決してどの一人の人間をも低能児には造り給《たま》うてはいないのである。神はすべての人間を必ずしも多芸多能には造っていられないけれども、何か一つ二つの天分《てんぶん》は必ず与えられているのである。しかるにあらゆる学科が悉《ことごと》く優等の成績が得られないという理由でその親または教師たちが彼を劣等扱いし、あるいは普通児以下の能力のないものと決めてしまって、そういう言葉を子供自身にきかせるならば、子供は遂に自分自身の天分について自信を失ってしまうことになるのである。さればもし諸君がその幼少時代からかくの如き環境に育って自分の能力があまりに人にすぐれて優秀ではないと思っているようなことがあるとするならば、今すぐかくの如《ごと》き考えを諸君はすてなければならないのである。諸君は必ずエジソンの如く偉大なる科学者となることができるのである。あるいはベートーヴェンの如く偉大なる音楽家となることができるのである。

もし諸君があらゆる能力に於《お》いて平等にその天才を発揮することができないならば、それを悲しんではならないのである。すべての能力に自分のエネルギーを分散する如き不経済をやめて吾必ず唯《ただ》一事をなさんと決意せよ。諸君が多芸多能でないが故《ゆえ》に、あれを少しやり、これを少し齧《かじ》り、徒《いたず》らに自分の生命力を分散する危険を却《かえ》って冒《おか》すことがなくなるのである。諸君は自分の生命力を多芸多能の人より一箇所に集中することができるのである。

ミケランジェロのような大天才は暫《しばら》くおき凡《およ》そこの世で成功したる偉大なる天才はいかに多芸多能の天分《てんぶん》を持ちながらもその人のただ一芸によってのみ名声をはせた場合が多いのである。それはいくら天分が各方面にあろうとも、結局それを伸ばすためには、そのどれかの一つに集中しなければならないからである。しからば最初から、みだりに多芸多能であって、どの才能に最も多くの精力を集中すべきかなどと、迷わないような一芸しかもっていないものの方が、却って心の分散を防いで、結局の勝利を獲得する要素をそなえているともいうことができるのである。されば諸君はいかに自分が平凡な人物であると人からいわれているにせよ、何か自分になさんと欲《ほっ》する仕事を定めてそれに対して、一事貫行の決意を以《もっ》てその精力を集中せよ。一心不乱、堅忍持久《けんにんじきゅう》、一事貫行の決意こそは、それ自身創造力であるのである。その決意のあるところには、その目的を成就《じょうじゅ》するに必要なる能力が自《おのず》から啓《ひら》きだされ、その目的を成就するに必要な資材が自《おのず》からひきよせられ、その目的貫行に助力してくれるところの適当な人がひきよせられてくるのである。決意は一大磁石的力であるということを知らねばならない。人は決意して、真に決意してある仕事にとりかかるならば、その仕事にとりかかったその時に、すでにそれは成就していると見てもいいのである。決意のある前にはすべての反対者は自《おのず》から退《ひ》いて影をひそめる。決意はその人の周囲にいる人たちをしてその人が必ず成功するであろうということを信ぜしめる。人々の彼の成功に対する信念がまた彼自身と彼の仕事とに反映して、その仕事を完全にすぐれたる成績になさしめるのである。断乎《だんこ》たる決意は、衆愚《しゅうぐ》の批評の口を封ぜしめ、それを鼓舞《こぶ》と讃歎《さんたん》の声に変化せしめる。その鼓舞と讃歎の声は、また彼の仕事に反映してその仕事に有終《ゆうしゅう》の美を遂《と》げしめるのである。

　断乎として自己の成功を信じて前進するものの前には、いかなるつまずき石も、姿を消してしまうのである。彼はつまずくかつまずかないかというようなことに対してはなんら心をわずらわさないのである。彼には唯《ただ》決意だけがあるのである。彼の決意はすでにゴールに到着しているのである。すでにゴールに到着している自信から、あらゆる難問題が現われて来ようとも、彼はそれを難問題だと考えないのである。それを解決するための縦横《じゅうおう》無尽《むじん》の機略が湧いてくるのである。一歩一歩彼は前進して後退するということを知らないのである。山あらば山をこえる。谷あらば谷をこえる。河あらば河をこえる。何ものも彼を遮《さえぎ》ることはできないのである。すべての消極的な考えは、彼の前に姿を消してただ決意のみが前進するのである。

世の中には凡庸《ぼんよう》の者にして成功し、才物《さいぶつ》にして却《かえ》って失敗するものがあるのは、才物却って、自分の才能に頼《たよ》って八方に自分の精神を散らしてしまうからである。鈍物《どんぶつ》と思われている人間が却って成功することのあるのは、軽薄才士の如《ごと》く、八方に自分の精力を分散することなく、また世間の毀誉褒貶《きよほうへん》にとらわれることなく、岩の如きどっしりとした決意の下《もと》に、ただ一事に自分の精力を集中するからである。

官学全盛の時代には大学を卒業することが一種の登竜門《とうりゅうもん》の如く思われていたのであるが、多くの実業界に於《お》いて成功したる人々はおおむね努力自学の人が多いのである。自ら学ぶ人はそれだけ不利な条件に立っているのだけれど、困難に抗して努力すればするほど、自己の中《うち》に埋蔵されている無限力はなおいっそう完全に呼び出されてくるのである。抵抗なき所に力は生まれない。抵抗する力だけの反動の力が生み出されてくるのである。吾々《われわれ》は貧しき家庭に生まれて多くの学校教育を受け得なかったからといってそれをなげくにあたらないのである。安易なる条件にある学校教育では、それだけ容易に力がひきだされて来るけれども、社会の幾多の困難に抗しながら努力自学した人の得られるような、自己信頼の力や、困難に抗して出なければ発達しないような偉大なる力は生まれて来ないのである。春、暖かき環境に於て伸びた樹木の材質はやわらかくて緻密《ちみつ》ではないが、冬の寒さに抗しながら伸びた樹木の材質は堅緻《けんち》にしてそれだけ自己が強くなっているのである。

第十五章　吾が心の王国を支配せよ

パスカルはこういっている。「言葉の力によって自分自身愚《おろ》か者と言うならば、そしてそれを信ずるならば、彼は愚者《ぐしゃ》となるであろう」と。その反対も真理であるのである。多くの人々は一度犯《おか》した過《あやま》ちにいつまでも心を低徊《ていかい》せしめて、却《かえ》って心の中に思い浮かべる言葉の力によって、自分自身のその欠点から脱却することができないのである。心に繰り返し念じ、想《おも》い、描かれたところの欠点は深く潜在意識に浸《し》みこんで次第に抜き難《がた》きものとなってくるのである。ある機会に目上の者から「君は馬鹿だ」と叱られる。すると、「自分は馬鹿だ、馬鹿だ」と考える。そしてその馬鹿の考えから脱出することができないために、彼はますます馬鹿となり、その次にはなおいっそうヘマなことをするのである。吾々《われわれ》は心に「愚か」を描きながら「賢者《けんじゃ》」となることはできないのである。東に向いて走りながら西に向かって行くことができないのと同じである。自分の欠点を常に考えながらその欠点から脱却することはできないのである。反省してみて自分の欠点がどこにあるかを知ることは必要である。しかし一度欠点を見出《みいだ》したならばその反対の事柄を心に強く思念することによって、その欠点から脱却することができるのである。

たとえば、自ら反省してみて、自分の欠点は「なまけ者」であることを発見するならば、「自分はなまけ者だ、自分はなまけ者だ」と心に繰り返し念じていることでは、愈々《いよいよ》ますますなまけ者になるばかりで「なまけ者」の悪習慣から脱却することはできないのである。「なまけ者」から脱却しようと思うならば、「私は勉強家だ。私は勉強家だ」と自分の心に常に言いきかせるように言っていると、観念は実現の原動力であるから「私は勉強家だ」という観念が潜在意識の奥底まで浸透《しんとう》すると、いつのまにかその人は勉強せずにおれないような状態になるのである。

もし吾々があやまって劇毒薬を服用したならば、医者は直《ただ》ちにそれを中和する如き反対的性質の薬剤を服《の》ませるであろう。それと同じく自分の心の中に、あやまって「なまけ者」という観念が入っているためになまけ者になっているならば、それに対して、なおいっそう「私はなまけ者だ」とか「お前はなまけ者だ」とかの考えをほりこむならば、なおいっそう中毒状態がはげしくなるであろう。だからなまけ者の観念を打ち消すためには、その反対の観念なる「私は勉強家だ」という観念を心の中に投げこめばいいのである。もし油に火がついて火事が起こっているとしたならば、その火を消さんがために、油を炎《ほのお》の上に投げかけても何にもならないのである。火を消すためにはそれを打ち消すところの何かを投げかけなければならないのと同じことである。その「何か」とは結局反対的な「観念」を心の中になげこめばいいのである。パスカルは「人間の尊厳は物を考える力にある。正しく物を考えることは彼のあらゆる義務である」といっているのである。吾々《われわれ》は時々よくなりたいと思いながら「悪いこと」を考えているのである。悪いことを考えれば、悪いことがでてくるのである。吾々が正しく物を考えることを知るまでは人間は決して幸福になることはできないのである。吾々は人間の高貴《こうき》さを考え、人間の尊厳を考え、人間の幸福を考え、人間の偉大さを考えなければならないのである。それにもかかわらず、多くの人たちは人間を地球に生じた黴《かび》の如《ごと》く考え、弱き葦《あし》の如く考え、不幸と病気に定められているが如く考え、自分自身の想念によってそのようなみじめな状態に墜落《ついらく》しているのである。

吾々はこの惨憺《さんたん》たる墜落から立ち上がらなければならないのである。まず汝《なんじ》の想念に人間の偉大さを描け。人間の尊厳を描け。人間の高貴さを描け。人間が神の子にしていかなる場合にも衰えてしまうことのない偉大なる力と健康とをもっているということを信ぜよ。諸君の人生に於《お》けるあらゆる偉大なる可能性を阻《はば》むものは諸君の不健康である。しかもその不健康は不健康の想念からきたるのである。吾々人間の全身の細胞およびあらゆる器官は吾々の想念の中にあるところのものによって著《いちじる》しく影響を受けるのである。諸君の想念の中にいかなるものがあるか自ら振り返ってみることによって、自分の中に何ものがひそんでいるかをまず見出《みいだ》せ。

愉快《ゆかい》な、楽天的な、平和な、深切《しんせつ》な、愛他的な、調和した感情が諸君の心の中にあるならば、それは健康の因《もと》であり、同時にそれは諸君の成功の基《もと》でもあるのである。もし吾々の想念感情が低き世界の何ものかにとらわれて、常に焦々《いらいら》し、くよくよして悩んでいるならば、諸君の健康は低いものとなるであろう。利己主義くらい自分の健康を害するものはないのである。利己主義者にとっては自分以外のすべての人々は自分にとっての敵となるのであるから、常に自分を護《まも》るべく警戒していなければならないのである。かかる心の状態に於《お》いては、人間と人間との間の愛と調和ということは得られないのであって、結局自分のためのみを思う者は自分自身を却って害しつつあるのである。

誤れる想念を常に持ちつつあるということは常に自分自身を害しつつあるということである。自分自身の武器をもって自分自身を常に害し続ける者は狂人《きちがい》だといわなければならないのである。しかもこの世にこの種類の人間がいかに多く存在することであろう。吾々は狂人になってはならないのである。常に正しき想念を持続して自らの健康と運命とを向上せしめることが「神の子」たる人間がこの地上に生まれ出てきた使命である。

吾々は誰でも心が暗く腐ってきた時に全体の生活が乱れてき、世界が真暗《まっくら》になり、健康が衰えてくることを知っているのである。吾々は体験によってそれを知っているのである。怒りや恐怖や心配や焦々《いらいら》しさやすべて不調和な感情または想念は肉体のあらゆる機能を不完全にするのである。長期に亙《わた》って継続したところの悲しみの想《おも》いは胃癌《いがん》をひき起こし、あるいは神経痛をひき起こすことはすでに多くの人に体験されていることである。授乳中の母親の精神状態が、その乳児に与うる影響は明瞭《めいりょう》であって、母親の精神状態そのものの病状を現わすのである。利己主義、嫉妬《しっと》、猜疑《さいぎ》等の念が長期に亙《わた》って継続される時には慢性の消化器病となり、時として重大なる肝臓の障碍《しょうがい》を来たすのである。取越し苦労が始終継続する時には身体《からだ》のある部分に麻痺《まひ》症を起こすのは、不安に対する恐怖を忘れたい想いが肉体に具象化《ぐしょうか》するのである。自制を失った怒りの爆発は神経系統に著しい影響を与え、時として脳溢血《のういっけつ》や震顫麻痺《しんせんまひ》を起こすこともあるのである。始終家族が争いあっている家族に於《お》いては病人がたえないのである。争いと不安恐怖は人類の一大強敵だといわなければならないのである。それはすべての人類にあらゆる不幸とあらゆる災厄《さいやく》とあらゆる病気を引き起こすのである。ともかくいかなる想念感情にせよ、それが不調和なるものなる限りに於て、肉体に消し難き痕跡《こんせき》を印するのである。一度憤《いきどお》るごとに一つの醜き皺《みにくきしわ》が顔に増えるといっても過言ではないのである。それは顔に皺を印するばかりでなく脳髄《のうずい》の表皮組織に消し難きレコードを印するのである。かくてそれは永遠にその人の性格としていつまでもつきまとって、機会あるごとに不調和な想念感情を起こしやすくなるのである。それを仏教では業《ごう》の流転《るてん》といっている。吾々《われわれ》がなんらかの卑《いや》しむべき、軽蔑すべき悪《あ》しき想念を起こすならば、それは吾《われ》らの性格の上に印象せられて将来までもその痕跡《こんせき》に纏《まと》われて苦しまなければならないのである。ただ一時の感情の爆発にて事《こと》終われりと考えてはならないのである。吾々は怒るべきか、忍耐すべきか、あるいは感謝すべきか、一つの同一事物についてもいろいろの心の持ち方があるのである。それによって吾々の将来の性格が決定するのである。単に性格が決定するばかりでなく、吾々の将来の運命も、自分の性格によって決定するのである。

見よ、多くの将来有望なる若き実業家が、あるいは若き会社員が一度怒りを爆発させただけで将来の運命が木端微塵《こっぱみじん》に粉砕《ふんさい》してしまったような実例も随分たくさんあるのである。怒りを爆発させる人は自分自身から幸福を遠ざけつつあるのだといわなければならないのである。およそ自己の従事している職業が栄えるためには、そこに繁栄の雰囲気が立ち上《のぼ》らなければならないのである。もし自分の事務所または店舗から怒りの雰囲気がたち上《のぼ》るならば、怒りは人を排斥《はいせき》する心の波であるから、善き顧客が近づいて来つつあるのを排斥してしまうことになるのである。

吾々の性格の中で最も面白くない種類の性格の一つは「他の欠点を見つける性格」である。よるとさわると何か他の欠点を見つけて、それを話の種にしなければならないのである。かくの如《ごと》き性格の人の所へはいつまでも彼に対して忠実なる協力者は集まってこないのである。古い深切《しんせつ》な部下の者は悉《ことごと》く離散してしまい、彼に踵《きびす》をかえして悪口を言うようになるのである。それは何故《なぜ》かといえば、自分自《みずか》らが彼等の欠点を見つけて悪口を言う性癖をもっているからである。

吾《われ》らはこのような悪《あ》しき精神習慣を克服しなければならないのである。キリストは「汝《なんじ》の敵は汝の中《うち》にあり」と教えたが、自己を克服する者のみが本当の強者なのである。吾々は恐れ、悲しみ、すぐ不快になり、人を憎み、恨《うら》み、妬《ねた》み、呪《のろ》い、すぐ欠点を見て悪口を言い、小さな不幸の兆《きざし》を見てすぐ取越し苦労をし、もうすんでしまったことをいつまでもぐずぐず想《おも》いわずらう如《ごと》き悪《あ》しき心の習慣を克服しなければならないのである。吾々はこれらの想念感情に敗北してはならないのである。吾々はこれらの想念感情の主人公とならなければならないのである。

もし諸君が、以上述べた如き悪《あ》しき心の習慣に捉《とら》われそうになった時には、一瞬間の中《うち》に心を光明《こうみょう》の方面に転ずるように心の訓練をすることが必要なのである。くよくよと同じ観念にひっかかっている限りに於《おい》てはその悪《あ》しき影響は愈々《いよいよ》ますます増大するのである。不快なことが起こってきたならば、その不快を心に見てはならないのである。よろしく吾らは心の中《うち》に次の如く念ずべきである。

「これは本当にそうであるのではないのである。こんな悪《あ》しきことは決して神の造り給《たま》える世界には存在しないのである。見せかけのこの悪《あ》しき状態は、本当はもっとよくなるための前提として現われたにすぎないのである。自分にとって悪いことは決して起こってこないのである。」

こんなふうに災《わざわ》いを転じて光明の契機とするのである。すべての不幸が現われてくるという考えを自分の心の中から追い出すことが必要である。あらゆる事物の中から光を見出《みいだ》し、希望を見出し、しかして勇気を奮《ふる》い起こすのである。光の輝く心の前にはどんな暗《やみ》も近づいてくることができないのである。心に光明を点じ、喜びを溢《あふ》らし、平和と調和を漂わせるようにする時には、どんな不幸も暗黒も病気も諸君の前に近づいてこないに相違ないのである。

恐怖、不安、取越し苦労、すべての悲しみの想《おも》いおよび争いの感情は吾々の生命の力を徒《いたず》らに浪費するものであるのである。一度そのような想念感情が吾々に起こってきた時には、疫病《えきびょう》の病原体が吾々の肉体を侵蝕《しんしょく》してしまうかのように吾々の生命力を枯渇《こかつ》せしめつつあるのである。だから吾々が自分の想念感情を、自分の欲《ほっ》するとおりに支配することができないならば、それは自分の領土に敵軍を自由に上陸せしめてその劫掠《ごうりゃく》するままに任せているのと同じことである。かかる人は最も憎むべき敵に降服《こうふく》してしまった種類の奴隷であって、決して自由人ということはできないのである。吾々は自分の気分を自分の思うように支配しなければならないのである。「自分の気分がよかったら、やってみよう」と一々自分の気分の鼻息をうかがっているようなことでは、彼は自分の気分の奴隷なのである。自分の気分を自分自身が思うように愉快に幸福になるように支配しなければならないのである。毎日毎日、自分が今ここに生きているのは宇宙の造り主が自分にすばらしき使命を果たさしめんがためである。神が自分の味方であるのであるからなんらの恐怖も心配もないのである。神は決して恐怖または心配すべき何ごとをも造り給《たま》わなかったのである。神使命を与えたれば、吾《われ》は神の力と共に行くのである。自分の行くところ遮《さえぎ》るものは何一つないのである――かく信じて一切の恐怖不安を駆逐《くちく》すべきである。再び言う自己を支配するもののみが真の勇者である。そして環境は自己の心の影であるから自己を支配し得た者のみが環境の支配者となるのである。

第十六章　心に描いたものを実践せよ

一、再び夢を描けということ

夢のないところには人間の魂は枯渇《こかつ》してしまうのである。夢は自分の魂の奥底にあるところの無限内容が時間・空間の束縛《そくばく》を越えて自由に表出されようとするものである。この夢というのは、吾々《われわれ》が夜眠っている間にみる夢のことではないのである。吾々は現実の世界に於《お》いてはいろいろの時間・空間的な制約に縛られていて、魂の自由が失われてしまっている。その制約を打ち破って、時間・空間の世界に、できるだけ多く自分の生命の中《うち》に内在する無限に豊富なる実相の形を世界にまで現わそうとする願望、その輪郭《りんかく》、その構図を心に描くことがすなわち「夢を描く」ことなのである。宇宙のありとあらゆるものはすべて想念によって現われてきたものであるから、吾々が心の中に夢を描き、吾々がこれから持ちたいと思うところのものの設計、輪郭、構図等を心に描くならばそれがやがて吾々を動かすところの具体的原動力となって、遂《つい》にはこの現象世界に自分の欲《ほっ》するところの事物を実現するに到《いた》るのである。

夢の中のもっとも根本なるものは、人間が神の子であるというところの夢である。この夢が基礎となってあらゆる事物がこの世に実現することになるのである。神とは「完全なる自由なる本体」であるから、自分が神の子であるということは、心の世界に於《お》いて「自分は完全なる自由を有するものである」ということを強く心に描くことになるのである。かかる自覚はキリストが自覚したるところの境地「吾自《われみずか》らにては何事もなし得ず、天の父《ちち》吾にいましてみ業《わざ》をなさしめ給《たま》うのである」という心境と全く同じものなのである。すべて、自己が神と離れたるものであるという自覚は、自己の無限力なる神と切り離してしまって、自分を力なきものとしてしまう恐れがあるのである。吾々の光明思想の特徴とするところのものは、今まで多くの宗教が、神と人間とを切りはなして、神は高く天上にましまし、あるいははるかに遠く西方極楽浄土《さいほうごくらくじょうど》にましますが、吾々人間は罪の子であり、あるいは罪悪深重《ざいあくじんじゅう》の凡夫《ぼんぶ》であって、とうてい神聖なる神仏には近よることができない存在であると思っていたのに反して、人間は神の子である、仏子であると、神を自己の中《うち》に内在する真性であると認めるにいたったことであるのである。これこそ最も大いなる夢の実現であって、この一見朽《く》ちはつべく見えたところの人間が永遠不滅の存在として自覚され、単に自覚されるのみならず永遠不滅の神の無限力が、自分自身の今ここに実現し得るというところの壮大極《きわ》まりなき夢なのである。この夢を実現するところに、地上の地獄はそのままに天上の極楽に化するのである。すなわち吾々の健康は完全となり、財福は豊かとなり、環境境遇は完全に調和して、そこに至福《しふく》の世界を実現し得ることになるのである。キリストもいったように、本来神の国は肉眼で見える世界にはないのである。「神の国は此処《ここ》に見よ、彼処《かしこ》に見よというにはあらずして汝《なんじ》の内《うち》にあり」といったとおりである。しかし現象世界は内に自覚されたる信仰が外に映写されるところの世界であるから、まず神の国を心に描いてそれをありと念ずれば、すなわちその世界が現実世界に現われてくるということになるのである。

いかにすれば神の国を地上に実現することができるか。言いかえれば、神の国に到る道はどこにあるのであるか。キリストはこれを説明して、「吾《われ》は道なり」といっているのである。吾々が神の国に到るためには「吾は道である」ところのキリストがどこにいますか、知らなければならないのである。キリストは道であり、彼は「吾《わ》が父の家には住所《すみか》多し、しからば吾かねて汝らにしらさん。吾汝らのために所をそなえに行く、もし行きて汝らのために所をそなえなば、また来たりて汝らを吾が下《もと》に迎えん」といっているのである。すなわちイエスのいるところに吾々人間もいるのであり、イエスの行く所について行けばすなわちそこに「父の家」すなわち神の国があるのである。されど唯物論のトマスは「主《あるじ》よ、いずこに行き給うかをしらず、いかでその道をしらんや」と反問しているのである。するとイエスは「吾は道なり、真理なり、生命なり、吾によらでは誰にても父の御許《みもと》に至るものなし」と答えているのである。「父のみもと」とはすなわち神の国であり、天国であるのである。天国に到るには、キリストを道として、キリストの道を歩まなければならないのである。キリストを生命としてキリストの生命を今ここに生きなければならないのである。キリストを真理として換言《かんげん》すればキリストのみ真実在であるとして、到るところにキリストを見なければならないのである。真理とは真実在のことであって、真実在のみ真実に存在するのであるから、すべて存在するものは、すべてキリストの現われであるといわなければならないのである。すなわち吾々《われわれ》が神の国に到るところの道はキリストを道として、キリストの道を歩み、到るところにキリストの生命を見、キリストの真理すなわち実相を見なければならないのである。しかしトマスのみならずピリポもなお神の国がどこにあるかを、このイエスの言葉のみでは知ることができなかったのである。そして「主よ、吾らに示し給《たま》え、しからば足れり」といっているのである。ここにいう父とは神のことであるが、神の国とは神自身のいまし給う国であるから、神がどこにいますか知ることができたなら、神の国がどこにあるかということを知ることができるのであったのである。

これに対してイエスは次の如《ごと》く答えているのである。

「ピリポよ、吾《われ》かく久しく汝《なんじ》らとおりしに吾をしらぬか、吾を見しものは父を見しものなり」と答えているのであります。また「吾は父におり、父は吾におり給うのである。もし信ぜずば吾《わ》が業《わざ》によりて信ぜよ。まことにまことに汝らに告ぐ、吾を信ずるものは、わがなす業《わざ》をなさん、かつこれよりも大いなる業《わざ》をなすべし」といっているのである。そこで神はどこにいるかということがわかったのである。すなわち神はキリストとしてピリポの目の前にましましたのである。

さてそのキリストは今やどこにましますのであろうか。キリストは「吾汝らを残して孤児《みなしご》とはせず、汝らに来たるなり、しばらくせばまた吾を見ず、されど汝らは吾を見る、吾生《い》くれば汝らも生《い》くればなり、その日には吾、吾が父におり、汝ら吾におり、吾《わ》汝らにいることを汝ら知らん」といっているのであります。イエス・キリストは吾々人類の肉眼の前には姿を消したけれども、「吾汝らを残して孤児とはせず汝らに来たるなり」といいしことでも明らかであるように吾々自身の中《うち》にキリストが宿っているのである。父を見んとすればキリストを見ればいいのであり、キリストを見んとすれば吾々自身の内在の生命を見ればいいのである。すなわち「吾は生命《いのち》なり」といい給いしところのキリストが吾々自身の生命としてここに内在しているのである。それを知ることがすなわち神の国に到るところの「道」を知ることなのである。

さきに引用したヨハネ伝第十四章の言葉にあるが如く「吾を信ずるものは吾がなすわざをなさん、かつこれよりも大いなる業《わざ》をなすべし」とあるのであるから、もしわが内在の生命として「キリスト自身」を自分の生命の実相として見るならば、キリストが行なった奇蹟《きせき》よりもなお大いなるところの奇蹟ができないはずがないのである。これこそまことに大いなる夢である。

神の国とはすべての人間が自分のおかれたる特殊の場所に於て、愛と奉仕とによって互いに助け合って完全に調和している世界なのである。かかる世界が今現実にここに存在するのであるけれども、吾々《われわれ》は五官の目をもってはそれをはっきり見ることができないのである。それはラジオの波の如く、テレビジョンの波の如《ごと》く、肉眼では見ることができないけれども存在しないのではないのである。ただ吾々が心のラジオ装置にそれと同じ波長を起こすことによって、この現実世界にそのありさまを実証することができるのである。また肉眼に見ることを得ざるものを心に描いて実在すると見ることを「夢を描く」というのである。すなわち夢を描くとは心の受信機の真空管に、神の国の放送を感受するところの同波長の波を起こすというにほかならないのである。されば神の国の美しき妙《たえ》なる豊かなる存在の波は、今ここにありながら、すべての人々の生命の中《うち》にありながら、各人が神の国と同じ波長をおこさない限り、それを現実に、目に見、耳に聴くようには現われてこないのである。

されば常に吾らは心の中《うち》に神と同波長の想《おも》いをおこさなければならないのである。神は愛であるから愛の波長をおこさなければならないのである。神は無限の智慧《ちえ》であるが故《ゆえ》に常に吾《わ》が中《うち》に神の無限の智慧《ちえ》があると心に描いて、その智慧を感受する波長を起こさなければならないのである。道を歩く時にも常に「吾神と共に歩む」と心に念ぜよ。これこそ大いなる夢を描くことなのである。「吾大いなる智慧と共に歩む」と念ぜよ、これこそ大いなる夢を描くことなのである。いかなる困難が来ようとも数分間目をつぶって「吾が中《うち》に神が宿っている、神が必ずこの道を祈り開《き》き給《たま》うのである。」かく数回念《おも》いてその困難の解決を神に委《ゆだ》ねさえすれば神は必ずその問題を解決して下さるのである。遠き所に神いますと考えてはならないのである。常に神吾と共にいますということを自覚するのである。いつも神を自分の懐《ふところ》の中に携帯すると信じて生活することにするならば事々物々ことごとく快刀乱麻《かいとうらんま》を絶《た》つが如くすらすらと問題が解決するのである。常に「神吾と共にあり」と念じてその自覚を高めることが大切である。

夢を描くということは、結局今現実の世界にあるよりもなおいっそう完全なるものを心に描くという技術である。それは一つの祈りともいうことができるのであって、祈りとは、未《いま》だ現実になきものを、心の世界で「すでにそれが存在する」として心に描き言葉にとなえることなのである。されば夢を描くことこそ本当の祈りなのである。悪《あ》しきことを言葉にてくりかえしくりかえし、祭壇の前で唱えて神に憐《あわれ》みを乞《こ》うが如きは本当の祈りではないのである。心に自己の中《うち》に神が宿ることを自覚し、神の無限の智慧が宿ることを自覚するとき、神の智慧は自己の内部より吾々を導いて、自己が心に描きたる希望を実現してくれるように展開してくるのである。

仏教では諸行《しょぎょう》は無常であるという、諸行とは諸々《もろもろ》の現象世界の事物をいうのである。現象世界のもろもろの事物は常に速《すみや》かに変化しつつあるものである。吾々はいつまでも同じものを心に描いているようでは進歩はないのである。常に肉眼で見える世界はただ単に過去に心に描きたる波の影にすぎないのである。過去に執着してはならないのである。吾々《われわれ》は常に新しき夢を描かなければならない。新しき夢のみが吾々の中《うち》に内在するところの無限の善さの中から、未《いま》だ発掘しなかったところのものを新しく発掘してくれるのである。それを称して無限生長というのである。夢を描かないものは老いるより仕方がないのである。青年は夢を描くが故《ゆえ》にいつも老いないのである。老年も青年の如《ごと》くに常に新しき夢を描けば、彼もまた青年の如く若返ることができるのである。

二、心に描いたものを実践せよ

夢を描く次には描いたものを実践しなければならないのである。実践を通してのみ空想的に描かれたる夢が現実のものとなるのである。その点に於《お》いて生長の家は行動主義であるということができるのである。夢を描かなければ、新しきものを実現するための設計構図が描かれないのであるが、設計構図だけができ上がって、何もしないで寝ころんでいるだけでは何事も現実にはならないのである。

無限供給の神様の象徴であるところの大黒像《だいこく》は右の手に打出《うちで》の小槌《こづち》というものをもっているのである。その打出の小槌を打ちふるうと何でも欲しいものが出てくるというのである。しかし打ちふらなければ何も出てこないのである。「打ちふる」とは行動するということである、行動がなければ何事も実現しないのである。キリストも「叩《たた》けよ、さらば開かれん」といっているのである。「叩かないでも開かれる」とはいってはいられないのである。また「吾戸の外に立ちて叩く。もし戸を開く者あらば、吾速《すみや》かに入らん」と神はい給《たま》うているのである。「戸を開く」というのは行動である。行動がなければ神は今ここにましますともそれは実現しないのである。ラジオ・セットもスイッチを入れなければ、いかなる放送をもきくことができないのである。「スイッチを入れる」とは一つの行動である。キリストも「主よ、主よというもの必ずしも神の国に入《い》るにあらず、父のみ心を行なうもののみ、神の国に入《い》る」(マタイ伝第七章二十一節)といっているのである。すなわちいかに心に念ずるとも行動しないものはその希望を実現することができないのである。

この世界はピアノのようなものである。たたいたとおりの音が出るのであって、どの鍵《けん》盤《ばん》をたたくかは、各自の選択の自由にあるのである。高い所をたたけば高い音が出るであろうし、低い所をたたけば低い音がでるのである。困難は高い音のようなものである。吾々は困難を避けることはいらないのである。それをたたくことによって、なおいっそう善き生命の音楽を奏《かな》で出すことができるのである。

しかし行動は智慧《ちえ》によって導かれなければでたらめなものとなり、却《かえ》って事物を破壊してしまうことにもなるのである。吾々は常に神の智慧に導かれるようにしなければならないのである。そのためには常に吾々は神に対して祈るということが必要である。その祈りの実例を次に述べることにする。

「神よ、吾《われ》をあなたの実相の世界に伴《ともな》い行き給《たま》え。あらゆるあわてふためき、恐れ嘆き、驚き騒ぐところの乱れたる現象の世界から、あなたの静かなるみ声をきく実相の世界へ導き入らせ給え。あらゆるこの世のあわただしさより逃《のが》れしめ給いて、いと清き静かなるあなたの生命の中《うち》にわが魂をあずけしめ給え。

「吾をすべての恐怖より逃れしめ給え。しかしてわが心を恐れなき落ちつきをもて満たし給え。すべて利己主義なるもの、自己憐憫《れんびん》なるものおよび他の人に対する驕慢《きょうまん》なる優越感より逃れしめ給いてキリストが弟子《でし》の足を洗い給いし如《ごと》きいとへりくだりたる愛をもてわが心を満たし給え。

「すべての不純なる動機をわが心の中《うち》よりとり去り給え。吾をして権力に対する渇《かわき》より解放せしめ給え。すべてのことをなす動機が悪く利己的なるものではなく、神のみ栄えを現わさんがためのものであることができますように。

「神よ、あなたの大いなる豊かなる智慧《ちえ》と力とを吾を通して実現せしめ給え。すべての時間的空間的制約を越えて、自由自在にあなたの完全なる健康と、完全なる喜びと、無限の豊かさと、無限の進歩とを実現せしめ給え。」

こういうふうに合掌瞑目端坐《めいもくたんざ》して、祈った後次に心の中にその祈りがすでにかなえられて完全に自分がその状態であるという気持になって次の如く心の中で自己の実相を観《み》、かつ念ずるのである。

「われは今、神の霊わが中《うち》にながれ入り給うたことを自覚したのである。神がわが内に満ち給い、神の完全なる全相がわれを通して時々刻々時間・空間の世界に実現することを自覚したのである。われに今、神の無限に完全なる生命と智慧と愛と力と供給とが実現しつつあることを自覚するのである。

「われはわが内に神の喜びが満ちわたり溢《あふ》れ出て常に楽しく愉快《ゆかい》でならないことを感ずるのである。されば喜びは喜びをよび、自分の周囲によき人ばかりが集まってくるのである。わが見る世界には喜べる人のみが、楽しき人のみが集まってくるのであって、暗き人悲しき人はわが前に来たれば自《おのず》から喜びに満たされるのである。

「吾は今、神の愛にみたされているのである。神の愛は人をさばかない、人を憎まない、人と争わない、自分を浄《きよ》くして他を悪《あ》しくしようとは思わないのである。神の愛は人をさばかないが故《ゆえ》に吾も決して人をさばかないのである。人の欠点を見るところの悪《あ》しきところの習慣は吾から悉《ことごと》く消え去ったのである。自分は神の愛に満たされているから、いかなる人を見ても悉くその人のよき所ばかりを見るのである。

「吾は今、すべての過去をすてたのである。自分にとってすでに過去はないのである。悲しみの過去はなく、憎みの過去もないのである。自分の心の世界にはすべての祝福のみがみちみちているのである。吾は人々のただ善のみを見るのである。人がいかにあろうとも自分はただ彼を愛するだけである。

「吾《われ》はただ前途の光のみを見る。吾《わ》が前には神の智慧《ちえ》が導いているのである、神は光であるからわが行手《いくて》にはただ光のみがあるのである。吾《わ》が行手にはただ平和のみがあるのである。吾《わ》が行手にはただ勝利のみがあるのである。

「吾がこの神の造り給《たま》える実在の世界の美しく妙《たえ》なることよ。喜びはみちわたり、すべての人々は無限の自由を得て為《な》すこととして成らざることなく、人々は互いに愛し合い、ほめたたえ、はげましあう、憎《にく》む者悲しむ者嘆く者などは一人も存在しないのである。ああ、ここそはこのまま天国であり、ああ、吾こそはこのまま神の子なのである。」

以上はただ一例であるがこれに類するところの祈りおよび黙念《もくねん》を行ないて精神をひたすらそれに集中するときには遂《つい》に諸君の潜在意識の中《うち》にその念が刻まれて蓄音機のレコードの如《ごと》くなり、いつでも心が廻転する時必ずよき心の響きをたてることができるようになり、そのため常に実相世界の完全なる物が諸君の周囲に実現してくるということになるのである。

三、栄える法則

すべての事物には時の波というものがあるのである。時の波に逆《さかろ》うては何事をも成就《じょうじゅ》することができないのである。もっとも疲労しないところの、そしてもっとも効果のあるところの泳ぎ方は波に乗るということなのである。波に逆《さから》えば何事も成就しないが波にのれば自分一個の力ではとうてい成就しない如《ごと》き大いなることを実現することができるのである。春夏秋冬の来たるのも一つの波である。春が来れば四方《よも》の草木も萌《も》え出《い》で若緑美しく照り輝き、多くの果樹は爛漫《らんまん》と花を開く、やがて夏にもなれば緑いよいよ濃くなり鬱蒼《うっそう》として繁茂《はんも》するのであるがすでに夏の終わりともなれば秋の色は見えそめるのである。まだ温度は摂氏《せっし》二十五度を下《くだ》らないのに欅《けやき》の梢《こずえ》の葉は茶色に紅葉し始めるのである。春は、春寒《しゅんかん》なお去らず温度なお摂氏十五度を超えざれども欅の梢ははや若緑し始めるのである。そこには単なる温度以上のものがあるのである。春の初めには温度低くとも樹木の芽は萌《も》え出《い》でて秋の初めにはなお温度高くとも凋落《ちょうらく》し始めるのである。ここに吾らは時のリズムというものをしらなければならないのである。「萌《も》え出《い》ずるも枯《かる》るるも同じ野辺の草いずれか秋にあはではつべき」というのは、祇王《ぎおう》の歌であるが、必ずしも秋にあうだけではないのである。誰が春にあわないものがあろうか、吾々は凋落すると見えるところの秋の奥に、よろずのものすでに萌え出《い》ずるところの春を見るのである。秋にあい、春にあいつつ欅《けやき》の幹は太り行くのであって決して退歩するのではないのである。すべてのものは時計の振子の如く右に振れれば必ず左に振れるのである。それがすなわち正反対の弁証法的発

きい。進むことも大きければ退《しりぞ》くこと多く伴《ともな》うものであって反動が必ず反動には動。あるのである展

いのである。桜や藤や牡丹《ぼたん》は冬の中《うち》にその葉を枯らしているが故《ゆえ》に、春にはいっそう豊か

に花をつけることができるのである。常緑の木には豊かに花をつけるものはないのであ

る。それは退くことがないから進むこともないのである。だから吾々《われわれ》は自分の運命が退い

たと見える時に決して失望落胆《らくたん》してはならないのである。時計の振子は右に振れただけ左

に振れるのである。動と反動とは同一の量であるのが物理学的法則である。吾々は必ず退

いただけ進むに違いないのである。諸君の運命に秋が訪れ、また冬が訪れてこようとも決

してそれに驚くことはないのである。冬がいっそう寒いときには麦はいっそうよく実るで

あろう。されば吾々は常に今あることを感謝せよ。今ある場所に今ある境遇に最善をつく

してそれが結局自分自身をいっそう高めるところの土台となるのであるということを信ぜ

よ。すべてのものはその時、その場に於《お》いて、それは善であるのである。それがその時その

場にあることによってのみ次の発展があるのである。今それがあなたにとってあるという

ことは、それは絶対的なものであって是非《ぜひ》ともそこになければならないものである。

動と反動とは結局等しきものであって、物理学上の弾性波の実験と同じことである。一

方に五の力が加われば必ず他方に五の力が出てくるのである。吾々が人に対して呪《のろ》いの心

を起こすならば、その人は必ずまた相手から呪われることになるであろう。あひるの卵を

だけばあひるが生まれてくるのである。憎《にく》みの卵をいだけば憎みが生まれてくるのであ

る。吾々が心の孵卵器の中でいだいているところの姿がやがて必ず形の世界に現われてくるのである。「与えれば与えられる」というのも動と反動との法則である。人をつき落として自分が上に上《あ》がっていると喜んでいる人は必ず自分がつき落とされる時が来るのである。もっとも正しい保身《ほしん》の道は退《ひ》くべき時にすなおに退《ひ》くということである。それが動反動の法則に則《のっと》るところの最上の行為なのである。霜《しも》がくるのをわきまえず秋の終わりから芽を出したじゃがいもの新芽は枯れてしまうほかはないのである。春に萌え出るための若芽は生毛《うぶげ》の生《は》えた自然の苞《ほう》をもって包まれているのである。出て悪い時にひっこんでいるのは、それが最も伸びる道なのである。

愛すれば愛される。人をつちかえば自分がつちかわれるのである。雑草はいかに繁ったように見えてもそれは人に何ものをも与えないが故《ゆえ》に、根こそぎ抜いて捨てられる時が来るのである。他をおかす者は自《おのず》からおかされるのである。今おかされないといって得意になっていてもそれは時の問題である。蒔《ま》いた種は必ず刈りとられる。ただ時が熟しないというだけである。吾々は、伸びるためにはよき種を蒔かなければならないのである。

単に善人であるばかりで足れりとしてはならないのである。吾々は単に悪《あ》しきことをなさないという意味だけの善人であってはならないのである。それは止まっている時計の振子の如きものである。それは右にも傾かないがまた左にも傾かないのである。その代りに時計のくせに時間を指すこともないのである。人間よろしくあってもなくてもどちらでもいいようなものになる。ともかく動くことが大切である。じっとしているくらいならば、間違った方向へでも動くことがましである。間違った方向へでも動いてさえおれば、それは動反動の法則によって、結局は正しい方向に動かされてくるのである。ある人が電車の停留場で待っていた、その人は近眼であったので電車に示してある「どこ行き」という札の文字が見えないのであった。そのためどこ行きの電車だかわかるまでは乗れないといっていつまでも停留所に立っていて日が暮れてしまったというのである。ところがもう一人の近眼は、来る電車がどこ行きかわからなかったけれども、早速《さっそく》それにとびのって、自分の行きたい目的地をいって車掌にきいたのである。ところが自分ののっていた電車は間違った方向へ行く電車であったが、車掌は早速乗換え券を切ってくれて乗るべき電車を深切《しんせつ》におしえてくれたので、もう次のコースでは彼は正しい方向にのっていたというのである。だから吾々《われわれ》はまちがった方向へ動いてさえも、ただ大事をとってつっ立っているよりはましであるということがわかるのである。ここにも行動主義ということが大切であるということがわかるのである。ともかく実行することが必要である。心に愛念をいだくことも実行である。更《さら》にそのいだいた愛念を形に現わして人を助けるのはいっそう大なる実行である。吾々は常に消極的であってはならないのである。不活動でいるときには結局雑草が栄えるのである。それは近所の畑を見るがいい。働かない人の畑には草ぼうぼうたるものがあるのである。昔から「小人閑居《しょうじんかんきょ》して不善をなす」という諺《ことわざ》があるが、閑人は結局時間を食いつぶすばかりでなく、自分の生命をも食いつぶしてしまうのである。中年の人が隠居《いんきょ》すれば、たちまちその人の老衰は始まるのである。すべて伸び伸びと生き生きとたくましく春の若芽《わかめ》の如《ごと》き心の雰囲気を常にもつようにしている人は、きわめて老年に達しても老衰するということはないのである。

吾々の心の雰囲気は、結局自分の雰囲気と波長を同じくするところの無数の精神波動をひきよせてそれを結局自分の周囲に実現することになるのである。よき環境をつくろうと思ったなら、自らがそれにふさわしき心境をもたなければならないのである。吾々の心境の高さのテストはいかにして計《はか》られるか、それは自分がどれだけの程度、人類に対して貢献しているかということについて計られるのである。(一)いかに多くの人々が自分自身の関心の的《まと》になっているかということ、(二)いかに多くの人々を自分の精神または行動によって幸福にしているかということ、(三)自分の多くの人に対する関心が単なる支配欲によるのではなくして、真に彼らを愛しているということ。以上の如きが、すなわちその人の魂がいかなる程度に高まっているかという指標になるのである。

諸君はまず第一、何かをなそうと決心せよ。その何かが自分のためではなく誰かのためであるものをなそうと決意せよ。できるだけ多くの人のためになるものをなそうと決意せよ。しかしてそれを現実に計画せよ。そしてそれを行動せよ。かく決意し計画し行動することは、結局できるだけ多くの人たちに愛念を送ることになっているのである。だから必ずその反動として愛念が送られてくるのである。その愛念の波長は神の愛の波長と同一波長であるが故《ゆえ》に神の智慧《ちえ》がそこに実現して自《おのず》からよき計画が構想され、それを成就《じょうじゅ》するに必要なる人と資本とが集まってくるのである。

これに反して、形の上では同じように忙しく大いに成功しようとして事業を計画するにしても、その動機ができるだけ他を押し倒して自分が栄え、多くの人を搾取《さくしゅ》して自分が富もうとする動機でそれが行なわれるならば、それは形の上ではどちらも大事業をしようと計画しているように見えるけれども内容は全然異《こと》なるものであるということをしらねばならない。そして人を搾取し、人を押し倒して事業を進めようと思っているところの者は結局はそれと同じような念波のものが集まり来たり自分自身を押し倒してしまうようになるのである。これを仏教では業《ごう》の流転《るてん》というのである。メンタル・サイエンスではこれを「心の法則」といっている。

吾々《われわれ》は法則の世界に住んでいるのである。法則の世界から吾々は一歩も逃《のが》れることはできないのである。人から奪って自分が奪われないということはないのである。人に与えて自分が与えられないということはないのである。動あれば反動あり、自分の描いたとおりのものが形に現われ、自分の与えたとおりのものが形の世界で与えられるのである。吾々は一日一回は必ず誰かのために愛念を送ってやるようにするならば、それは目に見えぬ世界に、自分自身の運命を培《つちか》う善き種を蒔《ま》いていることになるのである。祖先に対して『甘《かん》露《ろ》の法雨《ほうう》』を毎日一回よんであげるのも愛念を送ることの一つである。誰かのためにその人が幸福になるように、静かに坐《ざ》して神想観《しんそうかん》し、その人の全身に神の愛がふりそそぎ流れ入るように念じてあげるのも愛念の一つである。「あいつ憎いやつである」とか、「あいつが不幸になればいい」とかいうような呪《のろ》いの念を送ることは自分の運命を自分自身で破壊しつつあるようなものなのである。

四、苦痛の価値について

実相の世界には苦痛はないのである。苦痛の価値などという言葉を使えば、何か受難礼讃《じゅなんらいさん》のようなきらいがあるけれども、吾々は人生を処《しょ》する上に於《お》いて、苦痛の価値を知るときに苦痛が消えるのである。そもそも苦痛なるものは何から生じてくるのであるかといえば、自分の生活が実相にぴったり適合していないところからおこるのである。されば、苦痛がおこる時には自分の生活が実相とどこか食《く》いちがったところがあるのであると反省することが必要なのである。たとえばここに吾々が過《あやま》ってある負傷をしたとする。そこは疼《いた》むであろう。苦痛が感じられるであろう。そこで吾々がその傷口を見るのである。自分は何か触れるべからざるものにふれたのである。換言すれば自分の生活があたりまえでなかったのである。法則に触れることをしていたのである。そこで今後はそういう自分を傷つけるものにふれまいと決意する。それだけその人は今後法則に則《のっと》った生活ができるのである。かくの如《ごと》く苦痛は吾々《われわれ》の生活が法則に則《のっと》っているかいないかの指標となるのであって、これによって人類は正しき方向に向かうのである。

たとえば、ここに水がある。吾々は水なしに生きることはできないのである。それは吾々の渇《かわき》を癒《いや》す。それは吾々の衣服を浄《きよ》め、住居《すまい》を清潔にしてくれ、田畑に灌漑《かんがい》してくれ、川となって流れ、湖となって淀《よど》み、やがて洋々と大海に注ぐのである。吾々の食する多くの魚貝類はその水にて養われる。いかに水の功徳《くどく》の大なることよ。されど一たび利根《とね》川《がわ》の堤《つつみ》が崩壊《ほうかい》すれば濁流滔々《だくりゅうとうとう》として人家《じんか》を押し流し、田畑を水にて埋《うず》め多くの被害を与えるのである。では水とは吾らにとって善なるものであろうか悪なるものであろうか。考えてみるに水には善もなければ悪もないのである。水を支配する法則が吾々を押し流し、あるいは吾々の渇《かわき》を癒してくれるのである。すべてのものはかくの如きものである。水が美味《おい》しく吾々の渇《かわき》を癒してくれるときには吾々は法則に適《かな》った相《すがた》に於て水を受けているのである。水が吾々を苦しめるときには、同じ水の法則に対して吾々が逆の位置にいるからである。吾々はそれによって受ける苦痛によって、今自分のいる立場が、法則に対して逆の位置にいるということを知るべきであるのである。それを反省させてくれるのが苦痛の価値なのである。

火もまた吾々にとってなくてはならないところのものである。それは冬の日に吾々を温めるためのストーヴに赤々と燃える炎《ほのお》となり、また吾々の食物を美味《おい》しく煮たきしてくれるところのコンロの火ともなるのである。それは吾々の家を焼く、吾々を寒い時に温めた同じ火が、寒い時に吾々を住む家もなくさすらわしめるのである。それは同じ火である。そして同じ法則である。しかも同じ火、同じ法則が、ある時には吾々を幸福に、ある時には吾々を不幸にするのである。吾々は火の性質を変えることもできないし、法則を変えることもできないのである。それは常に同じである。しかもその同じものがなぜ吾々に時として苦痛を与えるのであろうか、それは吾々自身が法則に対して逆の立場にいるからである。自分が法則をしり法則を駆使する立場に立てば、法則は自分にとって奴隷の如く奉仕してくれるのである。今自分が苦痛であるというのは、どこか自分の生活が法則に対して、逆の立場にいることを教えてくれるところの指標なのである。

　以上は物質界を支配する法則に対しての吾々の立場に関しての問題であったが、これは心の世界を支配する法則に対しても同じことなのである。神は決してある人のみを愛し給《たま》うが故《ゆえ》にその人にのみ幸福を与え他の人には不幸を与えるという依怙贔屓《えこひいき》な存在ではないのである。吾々が心に苦痛を感ずるのは自分の心の立場が心の法則に対して逆な所に位置しているからである。されば苦痛を感じた時には、自分の心の持ち方がどこかまちがっていないか反省してみて、そのまちがいを正しくすることによって、その苦痛は癒されるということになるのである。それは吾々の日常生活に於《お》ける安全弁のような働きをするのである。自分の心がそれ以上になおいっそう見当違いの方向に傾けば、全体が台なしになってしまうということを教えてくれるのが心の苦痛なのである。

諸君は人を愛するときには幸福であるが、人を憎むときには心の中《うち》に苦痛を感ずるであろう。すなわちその憎んでいることが自分の心のすわり方がまちがった所にいるぞという指標として、「苦痛」という停車信号が出されたのである。諸君は腹が立てば苦しいであろう。これも諸君の心をそれ以上に腹立つ方向にすすめてはならないという停車信号なのである。疑うことは苦痛であり、うらやむこともそねむこともいずれも苦痛であるのはかかる方向に向かって行く心の汽車に対する停車信号が出されているのである。かくて吾《われ》らがその停車信号を気がつかずに誤った方向に突進して行くならば、やがてその汽車は衝突して具体的な破壊となるであろう。すなわちその人は具体的なある病気にかかったり、具体的な災難にあったりするのである。

吾々が本当に自分の肉体および心の世界から苦痛がなくなるためには「自分」というものがなくならなければならないのである。自分がなくなったところに神が現われる。すべての憎みも恨《うら》みも悲しみもそねみも怒りもねたみも悉《ことごと》く「自分」というものがあるから起こるのである。自分がなくなる時には、凡《すべ》て他の人と見えていたところのものが神に於《おい》て兄弟となるのである。そしてすべてのものを愛せずにはいられなくなるのである。そして愛するところには幸福感のみがあるのである。

神はすべての人を愛し給《たま》う。だから神は常に幸福なのである。多くの人が不幸であるのはある人を愛し、ある人を愛さないでいるからである。最も大いなる聖者は最も多くの人々を平等に愛することのできた人である。その心境に達するまでにはおそらくその人は、幾多の苦痛を自分自身の生活の中になめて、しかして自分の心をどの方向に向くべきか、自分の生活をいかなる立場に立たすべきかを幾度も自己反省して知り得た結果にすぎないのである。苦痛は結局、自分の心および生活の立場がまちがっていることを指摘してくれるための指標であるから、これを見て大いに自己反省すべきである。

五、自己反省と自己劣視とは異なる

自己反省はかくの如《ごと》く必要なものであるが、自己反省して自分の立場が、あるいは方向が、まちがっていたと気がついたならば、その瞬間に立場を変え、方向を換《か》えさえすればよいのであって、自己劣視や自己《じこ》枉屈感《おうくつかん》に陥《おちい》ってはならないのである。自己を軽蔑《けいべつ》するものは神の心に適《かな》わないのである。何故《なぜ》なら人間は神の子であり、それを軽蔑することは間接に神を軽蔑することになるからである。

ここにすばらしきダイヤモンドがあると想像せよ。そのダイヤモンドを暗室の中におくとせよ。それは土塊《つちくれ》と等しく少しも光輝《こうき》を放たないであろう。それを光の世界に置け、光《こう》明燦然《みょうさんぜん》と輝くであろう。暗室の中に置かれたるダイヤモンドも、光の中に置かれたるダイヤモンドも結局は同一のダイヤモンドであり、その本質も取引値段も少しも変わらないのである。それが光を放たないのは、それが置かれたる位置が悪いからである。いいかえると立場が悪いのである。ダイヤモンドの本質には変わりはないのである。その如《ごと》く諸君の人格が光を放たないのは諸君の人格が劣っているからではないのであって、ただその置き場所が悪いのである。心の置き場所、心の据《す》え方、心の向け方、すなわち心の位置がまちがっているにすぎないのである。だから心の向け方さえ光明《こうみょう》輝く方にふりむけさえすれば諸君の人格からは光輝を放ってくるのである。

　だから自己軽蔑《けいべつ》に陥《おちい》ってはならないのである。自己《じこ》枉屈感《おうくつかん》にとらわれてはならないのである。自己憐憫《れんびん》に陥ってはならないのである。自己の本質を軽蔑するな。自己を神の子であると自覚せよ。ただ心の向け方がまちがっていたと知れ。そして人を憎む心を愛する心の方にむけよ、人から奪う心から人に与える心にふりむけよ。腹立つ心から和《なご》やかな心にふりむけよ、焦々《いらいら》した心から平和なる心にふりむけよ、ただ方向さえかく転ずれば諸君の人格は光明燦然《こうみょうさんぜん》とダイヤモンドの如く輝き出《い》でるのである。

　まず自己が神の子であるということを自覚せよ。すなわちダイヤモンドの如く光輝《こうき》燦然と輝く本質をもつことを自覚せよ。あらゆる束縛は周囲から来るのではなくして自分の自覚の欠乏から来るのである。大通《だいつう》智勝如来《ちしょうにょらい》も自己が仏であると自覚しなかった間は神通《じんずう》力《りき》を失っていたのである。自己卑下《ひげ》ということは謙遜の美徳のようであるけれども、実は自分自身を自縄自縛《じじょうじばく》するところの妄想《もうぞう》にすぎないのである。ただ自分の心の位置がまちがっているということに気がつけばいいのである。「吾《わ》れ偉大なる大通智勝如来の子である」と信ぜよ。「吾《わ》れ偉大なる神の子」であると信ぜよ。

そんなことを信じたならば自己が驕慢《きょうまん》になりはしないかと惧《おそ》れる人があるかもしれないが、決してそんなことはないのである。およそ驕慢というのは自己が力足らざることを自覚しながら、それ故に他《ひと》に負けまいとして自ら装う驕《おご》りにすぎないのである。真に吾《わ》れ神の子なりと、いと高き自覚を有する者はすでに自ら高しと自覚するが故に、他《ひと》を自分の足下《あしもと》に踏みにじることはないのである。かかる人には却《かえ》って権力意志というものはないのである。権力意志というものが生じてくるのは、自分が他《ひと》から圧迫されているということを知るが故《ゆえ》に、その反動として自《みずか》ら人々にぬきんでて他を支配したいという願望からおこるところのものである。それは「負けたくない」意志の表現であって決して「吾れ神の子なり」の自覚の表現ではないのである。自分が神の子であって、神と本来一体であるとの自覚をもつことができるならば、神の如く吾々はすべての人を愛することができるようになるのである。されば真に多くの人を無差別に愛することのできないものはなお神の子の自覚が足りないといわなければならないのである。

吾《われ》は神の子であると常に念じているようにすれば、無限の力が諸君の内に湧き起こってくるであろう。しかしある人はその無限の力が途中で消えてしまい、そんな思念をしても何にもならないと失望するのである。しかしある人々は「吾《わ》れ神の子なり」と思念し、その自覚を深めることによって愈々《いよいよ》力は増大し多くの人々を幸福に導きまた自分自身も栄えて行くようになるのである。同じ「神の子」の自覚が人によってこのような相異が生じるのはなぜであろうか。それはせっかく「吾れ神の子」の自覚によって湧き出てきた力を一方の人は利己的目的に利用して自《みずか》ら栄えようとするに反して、もう一方の人はその力を多くの人を救うために使おうとするからである。多くの人を救わんがために出すところの力は種切《たねぎ》れしないいのだけれども、自分だけを救おうという利己的目的な仕事にその力を使えば、その力は種切れしてしまうことになるのである。だいたい利己的目的にその力を使おうとする人は、自分自身がなお救われていない存在であると信ずるが故に自分自身に利益を与えようとするのであって、結局の行為の上に於て、「吾れ神の子」と自覚していないから「吾れ神の子」の自覚によって出てきたところの力を相殺《そうさい》してしまうことになるのである。

六、今神を自分自身に生活せよ

生命は波動であるから一進一退はその常であって、退《ひ》くことがあってもそれを悲しむことはいらないのである。吾々は時として憂鬱感《ゆううつかん》におそわれ仕事をする勇気を失い生命全体が霧の中に包まれてしまったようにただ前途暗澹《ぜんとあんたん》として立ちすくんでしまうように見えるような時が来るかもしれないけれども、決してそれに失望してはならないのである。暗黒は光明《こうみょう》の始めである。丑満時《うしみつどき》にはすでに明け方が近づいているのである。たて罩《こ》めた霧はいつまでも永続するものではないのである。夜は明けることは必然であるし、霧は晴れることは必然なのである。この世界は吾々の心の波が醸《かも》しだした雰囲気が具象化した世界であるから、吾々の周囲にたてこめているところの夜の帳《とばり》は外から明けてくるのではないのであって中からあけてくるものなのである。諸君が今暗黒の世界から、自分自身をひき出そうとしたならば、今諸君はそれができるのである。諸君をとり囲んでいるすべての制限は決して外にあるのではなくして自縄自縛《じじょうじばく》しているにすぎないのである。諸君自身の中に無限の力がすでに宿っているのであって、まずそれを認めることである。ダナ・ガドリー女史はこういう体験を述べている。

ある日彼女は非常につかれてすべての勇気を失ってしまいあらゆることが行きづまってしまったような感じがするのだった。彼女は自分の周囲におこってくるいろいろの問題に思い悩み、何かそこにぜひとも活路を見出《みいだ》さなければならないと思ったが、もうどうにも自分の力ではできなくなってしまったのである。彼女は遂《つい》に神に祈るしか道がなくなった。彼女は祈った。が、無駄であった。神は自分をはなれて遠い所にあるような気がするのだった。全体が暗黒な感じがして今いったいどうすればよいかわからなかった。

その苦しみはとうてい筆にすることができないような魂の苦痛であった。しかし彼女は祈り続けた、するといわば稲妻《いなずま》のひらめきの如《ごと》く彼女の頭をかすめてこんな考えが浮かんできた。

「神が病気になるか。神が憂鬱《ゆううつ》になるか。神が虚弱になるか。否々《いないな》、神は病気にならない。神は強いのだ。神はわが中《うち》にいますのだ。神はなし得る。断じてなし得る。」

ダナ・ガドリー女史はあたかも何ものかが自分の魂の内部にて、何ともいえない、いい気持に自分の魂をマッサージしてくれつつあるように感じた。そして何ら自分の努力なしに魂がよみがえり、自分の精神的憂鬱から引き上げてくれる如き不可思議な力を感じたのである。今まで彼女にとって、めんどうくさい退屈な、おもしろくない仕事と見えたところのものが、それが実に愉快なやり甲斐《がい》のある仕事に見えてきたのであった。「汝《なんじ》が神の子であるかの如く行動せよ。神をして汝の中《うち》に行動せしめよ。神には失敗はないのである。」どこからともなく自分の中からこんなささやきがきこえてきて、それと共に無限の力が湧き出てくるのであった。

諸君よ、神はかくの如きものである。彼は生ける力であり、吾々《われわれ》自身の力を鼓舞《こぶ》し増大し導くところの生きている力なのである。しかし吾々がその神の力を自分の中に実現しようと思うならばまず神を自分の中に認めなければならないのである。吾々が自分自身を神の生命の一部分であると自覚しないかぎり、吾々は神の智慧《ちえ》と愛とによって祝福を受けることはできないのである。神を自分自身の中に認めないものは、自分自身の中より神を排《はい》斥《せき》していることになるのである。認めないものはその人の中にいることはできないのである。諺《ことわざ》にも「心ここにあらざれば見れども見えず聞けどもきこえず」といわれている。もし神が自分の中にましまそうとも、もし神のみ声が自分の魂の底深くささやいてくれようとも、吾々があまりに浮世《うきよ》の苦しさに、この世の憎《にく》みに、心をうばわれている限りには、神御自身が自分自身の中にましまそうとも自分の中にありてささやき給《たま》うともそれを見ること能《あた》わず、きくこと能《あた》わざる如き状態になるのである。

吾々はときどき疑いにとらわれる。神があると信じていた信念が急にどこかへ姿をかくしてしまって、何だか頼《たよ》りないような気がしてくるのである。それは空気がいっぱい充満していてもその空気の存在を知ることができないで、しかも空気に生かされているようなものである。吾々は自覚しないでも神さまから生かされているのであり、空気を吸うているのであるが、しかし吾々がもしはっきりと空気の存在を認めて深呼吸するならばどうであろう。今まで気がつかなかった空気の存在がしみじみありがたく感じられてき、そしてまた空気の与える恩恵も実際に大いなるものとなるのである。

吾々がスランプに陥《おちい》り、憂鬱《ゆううつ》におそわれ、にっちもさっちも行かなくなったというときには自分自身の心をまず転向することが必要なのである。スランプを考えるな。憂鬱を思うな。心をスランプにとらわれてはならないのである。憂鬱にとらわれてはならないので神が憂鬱《ゆううつ》に陥るか、神がスランプに陥るか。今ここに自分の中に完全円満なる神が生きていますのだと自覚せよ。決して悪の存在を信じてはならない。決して不幸の存在を信じてはならない。決して困難の存在を信じてはならない。自分の中にかくの如《ごと》きものを消滅せしむるところの無限大の神の力が存在すると信ぜよ。

吾々《われわれ》は自分の心の偉大なる力をしらなければならないのである。想念は万物を創造するのである。そして吾々は自分の想念を自分自身の自由に回転するところの偉大なる力をもっているのである。幼《おさ》な児《ご》の心の如くなれ。幼な児がピクニックに行くときにはただピクニックだけの喜びを感じて楽しく遊ぶのである。そこには取越し苦労も持越し苦労も存在しないのである。吾々も幼《おさ》な児の心になって、今目《いま》の前にましますところの神のみを見て、そして愉快に楽しく神の子の生活を今生きるのがいいのである。

断々乎《だんだんこ》として「吾は神の子である。何一つ悩むことはないのである」ということを心の中でくりかえせよ。いかなる困難がでて来ようともわが中《うち》に宿り給《たま》う神の無限の力に比べれば、実にそれらは易々《いい》たるものなのである。心の働きによって解《と》けないところの纏《もつ》れは存在しないのである。神は諸君の中にましますのである。諸君は決して失敗するということはないのである。

第十七章　内在無限力を発揮する自覚

私は最近一冊の神秘な魔術的な力をもった書物を手に入れたのである。その書物の魔術的力はどこから来るかというと善のみ実在であるという真理から来るのである。その真理の書物はいかにしたらその唯一《ゆいいつ》の実在である善の力をわがものとすることができるかということが書いてあるのである。その書物は第一部と第二部とに分かれている。第一部の書出《かきだ》しは、グレン・クラーク教授の『牝鹿《めじか》の脚の話』に極めてよく似た書出しである。ある日ハルヨット・D氏があるコーヒー店で一人椅子《いす》に凭《よ》って折から運んでこられたコーヒーのカップに砂糖をほりこもうとして手を伸ばしたというのが書出しである。牝鹿の脚の話はあるレストランになっている。そしてそれははげしく雨の降っている風のつよい日になっていたが、この物語はやはり風のはげしいみぞれ雪の降りしきるひどい嵐の日になっているのである。戸ががたがたいう、戸の隙間《すきま》から冷たい風がぴゅうぴゅうはいってくる。しかしD氏は何となく心が楽しい。外の降りしきる雪も吹きまくる風も、心の中に、ただ楽しい感謝の念にみたされているD氏になんら影響を与えることはなかった。D氏は何か楽しいことを夢みながらあついコーヒーをすすっていた、と扉《ドア》が開《あ》いた。そしてドアがしまる。入ってきたのはS氏である。

S氏は前からD氏の知合いであるが、常に運の悪い、何をしても絶対成功せぬ男で、それにもかかわらず、普通以上に美術家として才能のある男なのである。しかしどういうものか運の悪い続きでいつも生活に困っているのであった。

D氏が目を上げてS氏を見た時に、D氏が驚いたことには、S氏の容貌《ようぼう》がすっかり変わっているということである。何となく光輝いているのである。――こういう表現はグレン・クラーク教授がダン・マッカーサーという旧友にあのレストランで遇《あ》った時の印象の表現にも極めて似ているので、この書物はグレン・クラーク教授のあの書物のやき直しであると思ったくらいである。しかしこの魔術の書の出版の方がずっと古いのであるから、焼直しでも何でもないといわなければならない。ともかく今まで貧しくて弱っていたS氏が輝くような容貌でやってきたというのが不思議なのである。しかしS氏はやはりまだ前々どおりみすぼらしい服装をしていた。いつも着ているその外套《がいとう》の襟《えり》の折り目はささくれて生《き》地《じ》の糸目が見えていた。そしてそのよごれた帽子も前とは変わらなかった。しかし容貌が生き生きして希望にみちている。S氏はその鳶色《とびいろ》の帽子を脱《ぬ》いで、はたはた帽子についている雪をはらったがその身振りもどこか悠々《ゆうゆう》としたどこか新しい雰囲気が感じられるのだった。今までD氏はS氏と一緒《いっしょ》に飲食などしたことはなかったが、ふとS氏の容貌が輝いて態度身振りのどこかに引きつけるところがあるので、思わず知らず手真似《てまね》で「ここへやって来たまえ」と招待した。S氏はD氏の顔を見てうなずいたがやがてD氏の前の席に席を占めた。

S氏は食卓の上にあるメニューに目を通してのんびりとコーヒーを二人前注文した。D氏はあっけにとられてS氏を見つめていたのである。D氏もそんなに金があるというわけではない。自分がS氏をここへ来いといって招待した責任から、支払いは自分がしなければならない。さっきのんでしまったコーヒーと、これから二人前のコーヒーの代とは自分が支払わなければならない。しかしD氏はそれだけの現金を持ちあわせていないのである。そこであっけにとられて、S氏のいつもは濁《にご》っているのに今日は特別に輝いている瞳《ひとみ》と健康に輝いている頬《ほほ》とを見つめながら、

「君の金持の叔父《おじ》さんが死んで遺産でももらったのかい」ときいてみた。

「いやいや、しかし僕はマスコットを見つけたよ」と、Sは答えた。

「マスコットってなんだい？　何かあのぶちのある牛か、それともテリヤのお守りか。」

「うんにゃ」とS氏は首をふって口元までもっていったコーヒーをのまずにいいだした。

「君のおどろくのも無理はないさ、僕は自分自身にすら不思議なんだからね。僕は生まれ変わったんだよ。僕は別人になったんだよ。しかもこの生まれ変わりが最近一、二時間前に起こったんだからね。僕は前にたびたびここへ見すぼらしい風《ふう》をしてやってきたんだ

が、その時は君は僕を尻目にもかけなかったよ。僕は君が見て見ぬふりをしているんだと知っていたよ。なぜ君がそんなことをするか、僕も気がついていたよ、それは君が僕と一緒に食事する金を払いたくなかったんじゃあないと知っているよ、君がその持合せがなかったからなんだろう。そこに書きつけがあるが、今日は僕が支払うよ、ありがとう、もっとも僕は今晩一文《もん》もないんだがね、しかしこれは僕のおごりにしておこう。」

こういうかと思うとSはウェーターを呼んだ。そして悠々《ゆうゆう》とした態度で食卓の上においてある二枚の勘定書《かんじょうがき》の裏側にサインをして彼に渡した。D氏はS氏のすることをおどろいて眺《なが》めている。S氏は一瞬間だまってD氏の目をみつめていたが、

「僕よりも立派な才能をもった美術家があると思うかね。いやいや僕が何でもやろうと思ったら何でもやれないことがあるなんて君思うかね。君はいろいろ新聞の通信員などやっていたが、もう七、八年になるね。その間に君、僕が今晩まで勘定書にサインをするだけでそれでいいなんてみたことがあるかね、ないだろう。僕が名前をかけばどこでも通るんだよ。君はその目で僕を見たんだ。明日から僕の新しい歴史が始まる。一ヵ月のうちに銀行には僕の預金がたっぷりできるよ。なぜってかい。それはね、僕は成功の秘訣って奴を発見したんだ。」

D氏はまるで狐《きつね》につままれたようで、あっけにとられてS氏を見つめていた。Dが返事をしないのでSは再び話をしだした。——

「そうだよ、運命というものは自分が造るのさ。僕は今しがた不思議な話を読んだのだ。そしてそれを読んだ時に僕の幸福はすでに確定的なものになったのだ。その本は君の幸福も作るよ。君がしなければならないということは何よりもまずその本を読むことだ。君はその本のことを何もしらないらしいが、その本を君が読んだら何事も不可能なことはないということになるんだがね。それはむつかしく見えていたものをすこぶる簡単なＡＢＣＤにしてくれるよ。その真の意味を君がつかんだ時に成功は確定的なものになるのだ。僕だって、今朝《けさ》目が覚めたときには焼け跡の灰の中にある建物のかけらのように何の希望も目的もないがらくたにすぎなかったのだ。しかし今晩はもうすっかり位置が転倒して僕は百万長者になったんだ。ばかな冗談《じょうだん》を僕がいうと思うか、しかしそれが本当なんだよ。百万長者はもう仕事に対する熱情が消えてしまっているが、僕のは今ここにすべてがあるんだ。」

「本当にびっくりしたよ」とＤ氏はＳ氏がアブサンでも飲んでよっぱらってしゃべっているんじゃないかと疑いながら「その君の読んだ本というのはどんな話なんだ、僕にきかせてくれ給《たま》え」といった。

「きかせてやろうとも、僕はこの話を全世界にばらまいてやりたいんだ。この本が書かれてそして随分長く印刷されたままで今まで誰もその真価を知るものがなかったということは実に驚くべきことだ。僕には何の信用もなかったし、飯《めし》をくわせてくれるところもない、僕は真面目《まじめ》に自殺しようと思っていたくらいなんだ。僕は今まで仕事したことがある。三つの新聞社に行って仕事を求めたがみんな断わられてしまった。僕は自殺で立ちどころに生命《いのち》の根をとどめてしまうか飢餓《きが》によって死んでしまうかどちらかを選ばねばならなかったんだ。ところが今朝《けさ》その話を読んだのだ。そしたら僕はすっかり変わってしまったのだ、君はおそらく信ずることができまい。だが万事《ばんじ》は一瞬のうちに変化した、それこのとおり。」

「その話というのはS君。」

「それがさ、僕のことの続きだが、今までどこでも断わられたその同じ挿絵《さしえ》をだね、その話をよんでから後、ほかの編集長のところへもって行くとどれもこれもよろこんでひきうけてくれたんだよ。」

「その話はね、君に効果があったように他の人にも効果《ききめ》があるもんだろうかね。たとえば僕にそれが助けになりそうかね」とD氏は尋《たず》ねた。

「君のために？　君のためにならんという法はない。まあききたまえ、その話をきかしてあげよう。しかし本当は読む方がいいね。しかしともかく話せるだけ話してあげよう、こういう話なんだがね。」

ここまで氏がいった時、ウェーターがやってきてその話を遮《さえぎ》った。そしてS氏に「電話がかかっていますからきて下さい」といった。Sはちょっと言訳《いいわけ》をしてテーブルから立って行った。それから五分後にSは霙《みぞれ》の降る町の中へとびだして行って姿が見えなくなってしまった。今までこのカフェーでたびたびSの姿をDは見たのであったが一度だって電話でよび出されるなんてなかったのである。そのこと自身がすでに彼の境遇が変わっているという証拠だったのである。——この話もグレン・クラーク教授の『牝鹿《めじか》の脚の話』の中でダン・マッカーサーがその話をしようと思っているときに給仕がやって来て「レヴェレンド・ダン・マッカーサー……」とよびだして行ったのと構造を全く同じにしているのである。

それから後のある晩D氏は以前大学の学友であって、今はある夕刊新聞の通信員をやっているA氏に往来で逢《あ》ったのである。それは彼がSに遇《あ》ってから約一ヵ月後のことであったが、Sのことはもうほとんど忘れてしまっていたのである。

「やあ君、世界はどういうふうに運転しているかね、君はこの空間にまだいたのか」

とAは冗談まじりに心易《やす》い挨拶をした。

「やっぱり地球の上にいるよ、しばらくはなおこの町の上に住まいをしていると思うんだが、しかし君の様子《ようす》では何事も軌道にのっているらしいね。その話を僕にきかさないか」

とDはいった。

「何物もすべて軌道にのっているよ。それがね。こういうことなんだよ。君あのS君を知っているだろう。僕の仕事が軌道にのり始めたのはすべてあのS君のおかげなんだ。今まで僕は運が悪くて何をやっても旨《うま》く行かなかった。僕はSにあった時には実は君にね、僕の部屋の部屋代を払ってもらおうと思って君を探していたくらいだったんだ。ところが君、君に会えずSに遇《あ》ったのだ。ところがSはいい話をしてくれたよ。それは今まできいた中で一番すばらしい話だ。その話をきいてから二十四時間以内のうちに僕は自分の足で立ち上がった。もう誰のやっかいにもならない、絶対苦労もしらない身分になったんだ」とAは全く静かな落ち着いた調子でまるで格言でも暗誦《あんしょう》するような調子で話すのだった。そのときDの心の中にはあの嵐の晩にコーヒー店でSが話したあの対話を思い出したのである。ぜひともその話がききたかった。

「それはすばらしい話に違いない」と思わずDは叫んだ、「S君にはこないだ会ったんだがね、それ以来どうしているのか、あの人は今どこにいるのか。」

「一週間二〇〇ドルの約束でキューバで戦争のスケッチを描《か》いていたよ。そしてちょうど帰ったところだ。誰でもあの話をきいた人はそれから皆よくなっているのは事実だ。C君にP君に――僕の友達だが知っているだろう。Cは不動産の仲買いをしているし、Pはあるブローカーの書記をしていたがね。ところがS君からあの話を聞いたんだ。そしたらその話の効果といったら僕に効果があったと同じ効果が誰にでもあるのだ。」

「君その話を知っている？　僕にその話をしてみて、やっぱり同じ効果があるか、一つきかせてくれないか」とDはいった。

「話そうとも話そうとも。これを話すぐらい世界で最も愉快なことはない。僕はこの話をね一番大きな太い活字で印刷してニューヨークの高架《こうか》鉄道のあらゆる停車場の上にポスターにして掲示しておきたいくらいなんだ。それはきっと多くの人を救うよ。それはごく簡単な真理なんだよ。百姓が農園で生活するように至極《しごく》簡単なＡＢＣてなところだね。しかしちょっとあそこにＣ君がいる。Ｃにちょっと話さなければならないことがあるんだ、ちょっと一分間待ってくれ給《たま》え。」こういうかと思うとＡは自分でうなずいて微笑して行ってしまった。Ｃとよばれた人の所でＡはちょっと話しているのであったが、Ｄはちょっとよそみをして、今度みると二人はその場所からいなくなっていた。

本当のことをいうとＤは腹がすいていたのである。その時彼のポケットの中にはただ五セントぽっきりしかなかった。それは山の手まで行く電車賃には間にあったが、腹をふくらせるには足らなかった。その山の手行きの電車の中でＤは一人の友人にあったのである。

その友人は最近、第八アヴェニューに地所を買ってそこに料理店を開業して随分《ずいぶん》はやっている男である。そしてＤが電車にのろうとする時におりかけていたのであるが、Ｄを見つけて引き返して次の停留場へ行く間に、こんなに自分が何でも都合がよく行くようになったのは最近、君の友人であるＳ君に逢《あ》ってＳ君からふしぎな話をきいたからである、と教えてくれた。そして彼は次の停留場でおりてしまった。

D氏はだんだんSの話した魔術の話というのが本当に一種の魔術的力をもっているものと考え始めた。彼はポケットの中に残っている僅《わず》かばかりの釣銭《つりせん》を数えながら、自分の運命が、もうちょっとのところで自分につかめないようなもどかしさを感じるのであった。なぜひともあの誰もが運のよくなる不思議な話を自分もきかなければならないと思うのだった。彼はポケットをまさぐって、手帳を開いて見た。どこかにS君の住所が書いてあるかもしれないと思ったからである。しかし、手帳にはS君の住所は見出《みいだ》すことはできなかった。彼は最初あの話をきいたカフェーのことを思い出した。もう時間が大分おそかったがSはあのコーヒー店にいるかもしれない。彼はコーヒー店へ入って行った。

彼はいた、コーヒー店の広いホールのはるかな隅《すみ》の所に一群の友人たちにとりかこまれながら彼は何か話しているのだ。DはSの顔をみた。Sもその瞬間Dを見つけたらしかった。「さあやってきたまえ」という様子をした、しかしもう話をきく機会はなかったのである。テーブルをとりかこんで六人の人が話をきいていた。

DはS君から一ばん遠い位置に腰かけた。SはDの目をじっと見つめた。Sは起《た》ち上がってもう帰ろうとしているところだった。DはSと一緒に行きたいと思った。何となしものものしい沈黙がつづき、緊張が一座の上に漂うた。一座の人々はその目をSの上にそそいでいた。その原因は明らかであった。彼はあの話をしていたのであった。Dはおそすぎてここへ来たのでその話をきくことができなかったのである。Sのとなりには一人の医者がかけていた。左側には弁護士がかけていた。向こう側にはちょっと前から知合いである小説家がいるのであった。そのほかに美術家や新聞記者等が集まっているのであった。

「お気の毒だがD君」といったのは医者である。「君の来るのがほんの少しおそすぎたよ。S君はある話を吾々《われわれ》に話してくれてたところなんだ。それは全くすばらしい。S君あの話をD君のためにもう一度してやってくれないか。」

「えーそりゃあ、君があの魔術の話をききそこなったのは気の毒なことだ。実はD君はこの話のことを僕から最初にきいた人なんだもの。しかもそれはこのカフェーで、このテーブルで話したんだ。君随分《ずいぶん》あの晩は荒《あ》れたね。何だったけか、あの晩電話だったね。そうそう思い出した。君にあの話を始めようとしてた時にちょうど電話がかかって来ていたんだ。それからあとで三、四人の人にその話をしたんだよ。その結果皆勇気が出たよ、僕と同じにね、単に話というものがあんなすばらしい精神的刺激を多くの人々に与えることができるということは全くふしぎなくらいだ。しかしそれはほんとなんだからね、たとえばここにこういう人があるね。その人はブローカーだ。どうも一ヵ月間商売が思うように行かなかった、そしてまさに破滅に瀕《ひん》しようとしていた。その時僕はあの人に遇《あ》ったんだ。あの人は悲観のどん底におちていたんだが、僕があの人に例の魔術の話をしてやった。するとその効果てきめんというわけさ。それは全く心の外科《げか》手術をやるようなもんだね、もっともその話し方がそこにこつがあるんだよ。その話はすこぶる平々凡々たるものだが、その話し方だね。——いやその書き方にあるんだよ。その本の著者がふしぎな筆致《ひっち》をもって読者を催眠状態にひき入れるというもんなんだ。すると読者が精神的に興奮する、それは全く言葉でつくられた精神的強壮剤みたいなもんだね。その科学的説明はここにいられるドクター君にまかしておくとして。」

話はそれで終わって一座はその学理の究明に議論が移って行った。その話の中にときどき魔術の話の一部が引用されたが、それがまたDの心をとらえて放さなかった。全くD氏にとってはもどかしくってたまらないのである。

遂《つい》にD氏はたち上がった。そしてS君の片腕をつかむようにして皆の中からS君をひっぱりだした。そしていった。

「僕はいつでもあの話をききそうになってきけないんだが、そのため心がもどかしくって気が狂いそうな心持だ。この一人の親友のことを思ってくれるなら今あの話をしてくれないか。」

「よろしい、ほんのしばらくの間、君に話すのを他の人は赦《ゆる》してくれるだろう。実はあの話は僕がある町で買った古い切抜き帳《きりぬ》にはりつけてあったんだ。何という本にその話があったんだか原本の名前はない。著者の名前もないんだ。その切抜き帳をたった三セントで僕が買って偶然にそれを読み始めたときに僕は非常に面白く感じた。僕はくりかえしくりかえしそれを読んだ。だからその話をほとんど一字一字まちがえないで話せるくらいだ。

それはふしぎに僕を感動させた。全くその文章を読むのはある強い人格にふれると同じような効果をもっているんだ。僕がそれを数回よんだあとで僕がそれに書いてある真理のことを考えてみた。するともう家にじっとしておれなくなった。そして外套《がいとう》を着、帽子をかぶると外へ跳《と》びだしたんだ。僕は愉快《ゆかい》で愉快で、きっと数マイルも歩いたかもしれない。ほんの少し前までは失望のどん底におった私が、もう嬉《うれ》しくて嬉しくてたまらないで町中歩いたあげく、夜になって君に遇《あ》ったのがこのカフェーだったのだ。」

ここまでS君が話したとき突然ユニホームを着た使いの者が一通の電報をS君に手渡した。それはS君が仕事している社の社長からの電報であって、すぐ事務所へ来るように書いてあった。その電報はSの居所《いどころ》がわからないで一時間ももちまわったあげくであったので、もう一刻も猶余《ゆうよ》できなかったのであった。

「こいつは困った」とS君はいった。「もう一刻も猶余ができないのだ。君にどうしてあげようか、ここに僕の鍵がある。僕の部屋へ行ってこれで開けて僕の部屋で待っていてくれ給《たま》え。窓に近い側の洋箪笥《ようだんす》の中に革表紙の古いスクラップ・ブックが入っているからそれを見てくれ給え。僕はその魔術の話の著者が自分で装幀《そうてい》したと思うんだ。それを読みながら僕が帰ってくるまで待っていてくれたまえ。」

こういって彼は出て行った。DはSが与えてくれた機会を見逃《みのが》してはならないと、早速Sの住んでいる住居へ行ってそのドアを開けた。部屋の中へ入って行くといわれたとおりの洋箪笥《ようだんす》に古色蒼然《こしょくそうぜん》たる手製の革表紙だと思われるスクラップ・ブックが見つかったのである。詳《くわ》しい装幀《そうてい》などはここに書く必要はない。珍しい書体の活字でそのスクラップ・ブックの付録みたいなところにその「魔術の話」が印刷してとじてあるのであった。その話の文章は十七世紀と十八世紀の文体をまぜ合わしたような書き方がしてあって、ところどころにイタリックやキャピタルで原著者が書き入れたに相違ないと思われる註釈《ちゅうしゃく》が書き入れてある、これから諸君に対して紹介しようと思うのはこのふしぎな話の概略である。諸君もまたこの不思議な話を読んで幸福になり、健康になり、運がよくなってもらいたいものである。これからがこの物語の第二部に移るのである。

話の主人公というのはナスマッチという人である。――

「余《よ》、ナスマッチはわが生活の体験よりして、処世上のあらゆる問題に対しての成功の一大秘訣を発見したのである。わが余命《よめい》すでにいくばくもないと思われるが故《ゆえ》に、吾《われ》がもてるその知識のあらゆる恵福《けいふく》を次の時代に分かたんがために、これをここに書き遺《のこ》すことを賢策《けんさく》であると信ずる。余はわが表現の、しかしてその文学的価値の結果を弁解しようとは思わない。しかしかくいうことが後者についてはそれ自ら弁解になっているかもしれない。わが生涯の業務がペンよりも重いところの工具であったのと、すでにわが肉体は年古《としふ》りてわが手も頭脳も幾分麻痺《まひ》してしまっているために、余の文章の拙劣《せつれつ》なのは止《や》むを得ない。しかし、余の語るところのものは胡桃《くるみ》の皮の中にある滋味《じみ》のようなものである。その殻《から》のわられようがいかなる形でわられようともその滋味がとり出されて有効に使われれば、それで満足すべきである」というような調子で幾分古めかしく書いてあるのであるが、私はここに翻訳《ほんやく》しようというのではない。もっとやさしく皆さんに紹介したいと思うのである。まず簡単にナスマッチ氏の伝記を述べることにする。——

彼の父は船乗り業を営んでいたのである。ところが所有しているその船を売ってしまってヴァージニアにある新しき植民地に、ある天国的な空想を描いて入植したのであった。ナスマッチの生まれたのはその年すなわち一六四二年のことであった。「それはもう百年も前のことである」と彼は書いてある。だから筆者は百歳以上の長寿を保っていたものと思われる。彼の父は母のすすめるにもかかわらず、今もっていたところの船乗り業という足場を捨てて、海のものとも山のものとも知れない新しき植民地の移民となって生活を転換したのであった。

ナスマッチはそれについてイタリックの如《ごと》き文字で次の如き教訓を挿入《そうにゅう》している。——

「人は彼が今手にもてる機会の中に存在するいかなる価値をも見逃してはならないのである。未来に於《お》ける一千の約束も、今手の中にある一個の銀貨に比べれば、無きに等しき価値しかないのである。今、今もてるものを充分に使いきれ。」

ナスマッチが十歳になった時に母は昇天した。その後二年後に父もまたその後を追ったのである。ナスマッチ唯《ただ》一人孤児として残されたが、しばらくの間父母の深切《しんせつ》な友人がいて彼の世話をしてくれた。父の残した遺産はその後いつのまにかなくなっていた。年がいってからナスマッチが考えてみれば、その友人は父を欺《あざむ》いてしたがってナスマッチをも欺いてその財産を横領してしまったらしいのである。十二、三歳から二十三歳までの中《うち》には何が起こったということはその記録にはかかれていないのである。その後ナスマッチはボストンに行き、そこで桶屋《おけや》職人になったと書いている。船のつく時には木造船の修理大工となって働いたものらしい。

ナスマッチの生活の上に幸運がその頃ほほえみかけて来た。だんだん栄えて二十七歳の時には自分が雇われていたその木造船工場の持主になったのである。しかし幸運というものは痩馬《やせうま》のようなものであって、鞭《むち》でひっぱたいてやらなければ走らないものである。甘やかしておいてはならないのである。そこでナスマッチは第二の教訓をイタリックで次の如《ごと》く書いている。——

「幸運は常にはかなく消え易《やす》いものである。ただそれをとどめておくのは力によってのみである。もし彼女をやさしくとりあつかうならば彼女はもっと強い性格の男を求めて逃げてしまうのであろう。（それは私の考えでは私の知っている限りの御婦人と反対である）」ちょうどそのころのこと、おそらくナスマッチが自分自身の幸運を甘やかしすぎたためであろう、突如として幸運が逃げさったのである。火災が起こって造船所は悉《ことごと》く灰燼《かいじん》にきし、やけ残ったものといっては黒こげになった道路と借金ばかりとなった。ナスマッチは知人たちを尋《たず》ねて新しき出発のために援助をこうたが、すべての資金を焼いてしまった彼は、何人《なんぴと》の信用をも得ることができなかった。しばらくの中《うち》に一切のものを失ったばかりではなくとうてい回復の見込みのない債務《さいむ》を背負ってしまったのである。おまけに、債務不履行《ふりこう》ということで監獄《かんごく》にほりこまれたのである。ナスマッチがもし癇癪《かんしゃく》持ちでなかったら彼は何とかその損失をかきあつめてやりくりができたかも知れなかったが、彼の短気さがとうとう彼の運命を獄舎《ごくしゃ》にまで引きずって行ったのである。獄舎で一年すごして彼は出て来た。その時には彼はもう以前のような明るい希望にみちた幸福そうなこの世界に自信をもった人間ではなかったのである。この時のことについてナスマッチは自分で書いている。――

「人生にはたくさんの道がある。しかしその大多数は下へ上へと降《くだ》って行く道である。その角度はあるいは急であったりあるいはゆるやかであったりするけれども、その傾斜にかかわらずきまって行くところは失敗である。失敗はどこから来るかというと生命の弛緩《しかん》から来るのである。失敗はただ墓の世界にのみある。生き生きと生きているものには失敗はないのである。方向を一転すれば登ることができる道を、その同じ道をつたわって降《お》りることもできるのである。そして、そこにはゆるやかな傾斜の道がある。それはまわり道であるけれどもある人にとってはいっそう確実で適当している。」

彼が一文《もん》なしになって、獄《ごく》から出てきたときに彼はただぼろぼろの着物と何も役にたたないのでもつことをゆるしてくれたただ一本のステッキが彼のすべての持ちものであった。しかしながら彼には熟練した技術があったのである。そこで彼は出獄すると高賃金をもらって木工職として雇われることができた。しかしそれくらいの収入では一ぺん物質的に成功してきた彼を満足せしめることはできなかった。そこでナスマッチは心がどうもおもしろくないのである。その心をひきたてるために、そして今まで受けた損害を忘れるために晩になると居酒屋へ飲みに行くのが習慣になった。彼は大酒家ではなかった。しかし酔っぱらった気持で笑ったり歌ったり冗談やウイットをとばしたりして、「決していいことはしない」連中どもと遊ぶのがせめてもの楽しみであったのである。それがナスマッチにどういう影響を与えたかは、彼が次の如《ごと》く第四の教訓を書いているのでわかる。――

「努力精進する人々の中に自己の仲間を求めよ。しからざれば、なまけものの群《むれ》は汝《なんじ》から汝の精神的エネルギーを吸いとってしまうであろう。」

ナスマッチは居酒屋に出入りして、毎日その雇主《やといぬし》の目をかすめて遊んでいたのである。それはむしろ喜びであり雇主をうらぎってやることに興味を感じているのであった。そしてとうとう彼はその職業を失ってしまったのである。その当時の彼はけわしい山を惰性《だせい》の力でかけおりるような状態で、とまろうと思ってもとまることはできない。行けば行くほど下向《げこう》の速力はだんだん速くなるのであった。そして全く彼は浮浪者《ふろうしゃ》のような状態にまで堕落《だらく》したのである。そこで彼はまた次の教訓を書いている。

「浮浪者と癩病《らいびょう》患者とは、人から嫌われる点で全く同一のものである。しかしながら浮浪者は完全なる健康をもっているのであって、彼の状態はただ想像の結果にすぎないのである。しかし癩病患者はその血液が汚《よご》れているのである。」

こうして浮浪者にまで堕落してしまったナスマッチはその収入もほとんどなくなり、毎日食うや食わずで肉体はやせるし、魂は骸骨《がいこつ》のようになってしまった。彼は全世界から追放せられたような気がした。だんだん深い所へ落ちこんで行くような気がするのだった。しかしその時彼に第五の教訓が与えられたのである。

第五のその教訓はとても文字をもって表わすことはできない、それは実際の出来事によって表わすほかはないのである。それは寒い晩であった。彼はかつてはそこで雇われておったところの樽《たる》製造工場の裏庭の鉋屑《かんなくず》の中で寝ていたのであった。彼が目を覚まして見ると彼の前に健康で生き生きした男が木の切り屑を燃やしながら顔を炎《ほのお》に赤々とほてらせてあたっているのであった。ナスマッチは目が覚《さ》めるとその火にあたりたいと思って近づいて行った。その男は椅子にかけていたが一脚の椅子を指して掛けろというような態度をした。しかし一語もいわなかった。ナスマッチは自分の体があたたまってきた時に何ともいえない恥《は》ずかしさを覚えてきた。そして今度は本当に目が覚《さ》めたのである。しかしそれからというもの、いつでもあの夢の中で見た男が自分と一緒にいるのである。他の人には気がつかないらしい。しかしナスマッチにはそれが実在の人物であるとしか思えないのだ。

その人物はナスマッチによく似ていた。しかしまた非常に似ていなかった。その額《ひたい》はナスマッチのそれよりも高くはなかったが、丸みを帯びてふっくらと充実していた。かれの目は明るく無邪気で希望に満たされており決心と熱情との輝きを示していた。その口唇《くちびる》、頬《ほほ》すべての顔の表情は決意そのもののようであり断乎《だんこ》として支配力を示していた。その前にナスマッチは何か恐怖に似た暗いものにみたされて神経的に顫《ふる》えている自分であった。その人物の行くところへナスマッチはついて行かずにはおれなかった。その人物は今までナスマッチが行きたいと思っていたある建物の中へずんずん入って行った。しかしナスマッチがそのドアをくぐることができなかった。そしてドアの外でその人物の出てくるのをおずおずしながら待っているより仕方がなかった。それは彼がかつて取引きしていたある会社の事務所であった。今まで仕事を求めて幾度かそのドアの前をうろついた所であるが入ることができなかったのである。その人物はその事務所から出てくるとやがてまたどこかの事務所へずんずん入って行く。ナスマッチは外で待っているのだ。そしてとうとう夕方になる、その人物はある有名なホテルの玄関の所で消えてしまった。夜が来た。ナスマッチは例のとおり樽製造工場の裏庭の古樽桶や鉋屑《かんなくず》の中で寝る。それから目がさめるとまた例の人物が出てくる。そしてその人物に引きずり廻《まわ》されるようにそのあとをついて行くナスマッチであった。数日の後にナスマッチはその人物に話しかける勇気が出た。

「あなたはどなたですか。」

「私は私というものだ。ここに生きているものだ」と彼は答えた。「私はおまえがかつてあったところのものだ。何のためにおまえは躊躇《ちゅうちょ》するのか。私はおまえが昔おまえであったところの彼なのだ。しかしおまえは彼を見すてて他の仲間に入って行ったのだ。わたしはお前が見すてたところの彼である。神の姿に造られた人間そのものだ。そして私は一度お前の肉体を所有していた。私はお前の肉体の中にお前と一緒に住んでいたのだ。しかし調和した状態ではなかった。完全に一つにはなりきれなかった。お前は小さいものであった。そしてだんだんいっそう利己主義になって行った。とうとう私はお前と一緒に生活するに堪《た》えられなくなったのだ。そして私はお前の体からとびだした。人間の中には誰にでも＋《プラス》の人間と－《マイナス》の人間とが一緒に同居しているのだ。そしてどちらを尊重するかということによって一方がその人間の支配権を得るのだ。私はお前の＋《プラス》の人間である。お前はお前の－《マイナス》の人間である。私は凡《すべ》てのものを有《も》っている。しかしお前は一切《いっさい》をもっていないのだ。吾々《われわれ》二人が住んでいた肉体は私のものである。しかしそれはあまりにも見苦しい。私には住むに堪えない。それを浄《きよ》めなければならぬ。そうすれば私はお前の肉体へ再び入るだろう。」

「あなたはなぜ私につきまとって来るんですか」とナスマッチはその人物に尋《たず》ねた。

「つきまとうのは私ではない、お前が私についてくるのだ。おまえはしばらく私なしに生きることができた。しかしお前の行く道はだんだん下へ降りる道だ。最後にどん底の死が来る。もうお前はその道のほとんどぎりぎりの所へ近づいている。いよいよぎりぎりが近づいてきたのでお前は是《ぜ》が非《ひ》でも私が入るようにお前の家を浄《きよ》めねばならないのだ。お前のいる所を浄めよ。頭の先から心の中まで綺麗《きれい》にするのだ。するとわたしはいつもどおりにお前の中へ入るであろう。」

「私の頭はもう力を失ってしまったのです」とナスマッチはよろめくようにいった。「心もすでに弱りはてているのです。あなたに修繕《しゅうぜん》はできませんか。」

「きけ」とその人物はナスマッチの上にのしかかるようにして言った。ナスマッチはその人間の前に倒れて死んだようになった。その人物の声は厳《おごそ》かに続くのだ。

「＋《プラス》の人間にとってはすべてのことは可能である。全世界は彼に属しているのである。彼は何ものをも恐れない、何ものの前にも停止しない。なんら特権を求めない。彼は命ずるものである。彼は支配者なんだ。彼の言葉は命令そのものである。彼が近づくと反対は逃げてしまう。彼は山を移して谷をうずめる力をもっている。彼の行くところ、到るところその道はたいらかになる。」

おごそかにきこえてくる彼の声をナスマッチははっきり目が覚《さ》めてきいていた。たしかにそれは夢ではない、そう思いながらナスマッチはまたうとうとと鉋屑《かんなくず》の中で眠ったのである。そして今度目がさめてみると彼の見る世界は完全に別世界のように見えるのであった。太陽が生き生きと輝いていた。小鳥が囀《さえず》っていることがいつになくはっきりと意識に上《のぼ》るのだった。昨日《きのう》までふるえていた不確かな弱々しい身体に今朝《けさ》は活気にみち満ちた健康さが感じられるのである。彼は自分が眠っているところのうず高い鉋屑を見つめた。そして、夢の中で起こった出来事を心に思い浮かべたのである。彼は起き上がった。そしていつもの習慣のように毎あさ朝飯《あさめし》をたべる居酒屋の方へ歩き出した。するとどうしたものか今までこちらが挨拶しても応答もしなかった居酒屋の人たちが愉快そうにうなずくのだ。数ヵ月間ナスマッチを軽蔑《けいべつ》してきた人たちが丁寧《ていねい》にお辞儀《じぎ》をして彼を迎えた。彼は洗面所へ行って口をすすぐと朝飯のところへ出掛けて行った。それが終わると酒保《しゅほ》へ行った。そしてその主人公に、「前に私が借りていた同じ部屋を借りたいんですが、もしふさがっておりましたらその部屋があくまで外《ほか》の部屋でもいいんです。」こういっておいて彼は大急ぎで樽の製造工場に入って行った。工場の広場には大きな荷揚《にあげ》馬車があって、そこの人たちは樽を荷馬車につんで港へ運ぶところだった。ナスマッチは何もいわなかった。そこにつんである酒樽を手にとると、荷馬車の上にいて取り次いでいる人夫《にんぷ》の手許《てもと》へ酒樽を次から次へと投げてやった。それが終わると彼は勝手知った樽製造工場へ入って行った。そこには一脚《きゃく》のベンチがあった。長い間使わないと見えて藁《わら》ぼこりが一ぱいたまっていた。それは、かつてナスマッチがこの工場で働いていた時に使ったところの仕事の足場になるもので、そこにかけるとヴァイスのレヴァーに足をかけて桶板《おけいた》をけずり始めた。

それから一時間ほどすると工場主任が工場へ入ってきた。ナスマッチが働いている姿を見て驚いた様子《ようす》であった。そこにはすでに新しくけずったかんなくずが相当つまれてあった。工場主任はじっと彼をみつめていた。ナスマッチはなにも口ではいわなかったが仕事の態度で、「僕はまた仕事に帰ってきたんです」というように見えた。工場主任はだまって自分の頭をうなずかせて過ぎ去って行った。

これでナスマッチの第五のそして最後の教えは終わるのである。ともかくそれ以来ナスマッチはすることなすこと都合がよく行くようになり、まもなく他に木造船の造船所を設立してその所有主となって成功したというのである。そして彼は最後に次のことを書き加えている。

「何にてもあれ善について汝《なんじ》が欲《ほっ》すれば必ずそれは汝のものとなる、彼はただ手をのばしてとるだけで可《い》いのである。汝の中にあるところのすべてのものを支配するところの力を自覚せよ、すべてのものが汝の所有である。」

「いかなる種類のいかなる形の恐怖をも持ってはならない。恐怖心は－《マイナス》の人間と兄弟分である。」

「諸君が何か熟練した能力があるならばそれをもって世界に奉仕せよ。世界はそれによって利益を得る。したがって汝もまた利益を得る。」

「日夜努めて汝の＋《プラス》の人間と交通せよ、＋《プラス》の人間の忠言《ちゅうげん》にしたがえば失敗するということはない。」

「哲学はただの屁理屈《へりくつ》である。世界は屁理屈ではないのである。事実の集積であることを記憶せよ。」

「汝の手の中にあるところのすべてのことをなせ。横合いから誘惑する手まねきに従うな。何人《なんぴと》も許可はいらない。自らなせ。」

「－《マイナス》の人間は人から赦《ゆる》しを求めるのだ。＋《プラス》の人間は人に赦しを与えるのだ。幸運というものは自《みず》ら歩むところの一歩一歩の中にある。それをつかめ。それをわがものとせよ。それは諸君のものであり、諸君に属する。」

「今直《ただ》ちに始めよ。上記の教えを忘るるな。手を伸ばして＋《プラス》をとれ。人生は今が最も厳粛《げんしゅく》なる＋の時である。」

「諸君の＋《プラス》の人間は今あなたのそばにいるのである。あなたの頭を浄《きよ》めよ。あなたの心を強めよ、それは入ってくるであろう。＋《プラス》の人間は今あなたを待っている。」

「今晩始めよ。今人生の新しき旅を始めよ。」

「＋《プラス》の人間か－《マイナス》の人間かどちらの人間が汝を支配しているか注意せよ。一分間たりとも－《マイナス》の人間を汝の中《なか》に入らしむること勿れ。」

ナスマッチはこういう教訓を書いてそしてその文章は終わっているのである。私はこれらの教訓が、前途に多望な未来を有《も》つ有為《ゆうい》なる青年たちに、その幸福なる人生航路への指標として役立つことを祈りつつ、この書に加えることにしたのである。

第十八章　青年のための抜萃《ばっすい》

一、私の養成したい人間

　私の養成したい人間は、豊富な生活力の人間である。生活力が豊富でなければいかに智《ち》慧《え》すぐれたる人間であろうとも、それを実行に移すことができない。たといそれを実行に移しても途中で挫折《ざせつ》するほかはない。

　私の養成したい人間は、心性明朗にしていかなる見せかけの困難に出逢《であ》おうとも憂鬱《ゆううつ》にならない人間である。季節に春夏秋冬あるが如《ごと》く、人生にも厳冬《げんとう》の如く苛辣《からつ》なる状態が来ることがある。心性明朗である人間は、冬の始めにすでに春来たるを信じ、外見の厳冬の如き困難に挫折してしまわないのである。かかる人には困難はその人を鍛《きた》えるところの百錬《ひゃくれん》の鉄槌《てっつい》である。

　私の養成したい人間は、ただの正しい人間ではない、包容力の偉大なる人間である。万物と克《よ》く調和する人間である。調和包容力のない人間は、それ自身正しくとも誰一人をも生かすことができないのである。あまりに清らかなる水には養分がなく魚も棲《す》まねば、植物に肥料を与えることもできないのである。大なる臭気《しゅうき》の中から、驚くべき多量の肥料が醗酵《はっこう》し出される。大自然はその臭気《しゅうき》を内に包容しながら、それを大気の浄化作用で常に浄《きよ》めている。大自然の浄化作用は、大なる臭気を排斥《はいせき》しないでそのままに浄化してしまうのである。狷介《けんかい》なる正しさが人を生かさず、物を育てないのはこの大自然のごとき包容性がないからである。

私の養成したい人間は叡智《えいち》ある人間である。いかに才人《さいじん》であろうとも、それが小智才覚で止まるものは、いつかはその智慧《ちえ》に破綻《はたん》を来たし行き詰《づ》まるときが来るものである。叡智とは私の智慧ではない、頭脳の智慧ではない。普段は静かなる如《ごと》くにして時に応じ機に臨《のぞ》んで流れ出《い》で湧き出《い》でて止まるところを知らないところの智慧である。功《こう》に誇らず、常に「我が為《な》すは我が為すに非《あら》ず」神われに在《あ》りて成《な》さしめ給《たま》うと、功を神に帰する謙遜なる智慧である。この謙遜なる智慧こそ却《かえ》って最も偉大なる智慧である。自己の智慧に誇るものは、個人の智慧に限りあるが故《ゆえ》に、いつかは海岸の砂の上に建てられたる楼閣《ろうかく》の如く、波に浚《さら》われ、風に吹かれて倒れてしまうであろうが、神の叡智《えいち》を汲《く》み出すことを知るものは、神智《しんち》無限永遠、磐《いわお》の上に建てられたる金城鉄壁の如く壊《こわ》れることがないのである。

私の養成したい人間は、どんなことがあっても人を憎まない、人を呪《のろ》わない人間である。弾丸《だんがん》は自己の薬莢《やっきょう》がまず破壊することによって敵に発射されるのである。弾丸は敵方には命中する時としないときがあるけれども、憎《にく》みや呪詛《じゅそ》の感情が自己自身を破壊しないことはあり得ない。人を憎み呪う者には不幸災厄《さいやく》、病難相踵《あいつ》いで起こるのが普通である。汝を憎む者のために祈り得る大愛の人間をこそ私は養成したいと思う。

私の養成したい人間は、どんなに踏《ふ》みつけにせられても笑っているような鈍重な人間ではない。彼の大愛は「峻厳《しゅんげん》なる大愛」でなければならない。万物をある期間は氷雪《ひょうせつ》で鎖《と》じこめておくほどの峻厳なる「愛深き冷淡さ」でなければならない。かかる峻厳なる大愛のみ、厳冬の後に芳《かんば》しき白梅《はくばい》を咲かせることができるのである。常に熱帯の気候のような温かすぎる愛は、勤勉な蜜蜂《みつばち》さえも怠惰《たいだ》に誘導するほどの効《ききめ》しかないものである。

私はかくいうとも、赦《ゆる》しの深い人間を養成したいのであって、心の狭い善人を養成したいと言っているのではない。私が養成したいのは、いかなる時にも赦しながら、いかなる時にも、包容しながら、いかなる時にも、心に莞爾《かんじ》と微笑しながら、無限に豊富なる生活力と、明朗なる心境と、偉大なる包容力を失わず、それでいて時には雲を呼び、風を招き、雷霆《らいてい》を轟《とどろ》かし、地震を震《ゆ》り動かし、天地全体を革命して、人類を本当の意味に於《お》て救い得る偉大なる人物であるのである。

二、吾《われ》すでに世に勝てり

「この世に於て汝《なんじ》らは艱難《なやみ》に会わん。されど喜び勇め、吾既《われすで》にこの世に勝てり」とイエスは言い給《たま》いました。これは現象界に於《お》て彼の弟子たちに来たるであろうところの迫害について言われたのでありましたが、それにもかかわらずイエスは直《す》ぐそれに続けて「喜び勇め、吾《われ》すでに世に勝てり」と言われました。まことにも、艱難《かんなん》に逢遭《ほうそう》せる人類が、唯一《ゆいいつ》の光明《こうみょう》を見出《みいだ》すのは、この「実相」は永遠に喜びであるから、どんな艱難に面しても喜び勇めと言われたイエスの言葉であります。人この世に生まれて何の悩みも持たない人はないのであります。真に世界に「真理の光」を掲《かか》ぐるところの人は、必ず一度は世の中から迫害を受け衆愚《しゅうぐ》の嘲笑《ちょうしょう》の的《まと》となるのは普通であります。しかしながらこれらのことはただ一時《いっとき》にすぎないのです。それは青空にただよえる浮雲の自壊して驟雨《しゅうう》となるときの雷霆《らいてい》のはためく響きにすぎないのです。いかなる轟《とどろ》く雷霆も永遠に壊《こわ》れない青空を破壊することはできないのです。いかなる艱難よりもなお一層大なるところの善に向かう力なるものがこの世の中にあるということを光明思想家は発見しているのです。神は愛であり、秩序であり、調和であり、完全であり、唯一の実在であり給うという真理は、その真理こそ唯一の実在であるが故《ゆえ》にそれ自身を実証する時が来るのです。イエスが「我《われ》すでに世に勝てり」と言い給いし時の「我《われ》」とは、「愛」そのもののことです。「愛」は永遠の勝者であって、いかなる艱難の時にも「愛」に生き、「愛」を生きるものは必ず打ち勝つのであります。すべて勝者となった者は「愛」に生きたからであります。すべて敗ける者は、真に愛しないからです。十字架につけられたイエス・キリストは一時は敗者のように見えたが、実は永遠の勝者であったのです。吾々が打ち勝つことができる時は、「愛」の真理を通してのみであります。愛は人生のあらゆる立場に於て道を開くところの鍵なのです。もし人生の悩み多き苛烈《かれつ》なる経験に直面した時に、「愛」は何を為《な》すべきかと心の中に訊《たず》ねてみれば、何を行動するのが正しい道であるかということを知ることができるのです。かくして吾々は「愛」によって本然《ほんねん》の正しき道に導かれ、正しき事物を為《な》すことができ、調和は維持せられ、永遠の勝者たる道を歩むことができるのです。

（『幸福生活論』より）

三、朝の時間を生かせ

諸君よ、諸君自身が生長の人となり諸君の家を「生長の家」としようと思うならば朝の時間を巧《たく》みに生かせ。凡《およ》そ時間を巧みに生かす者は自己の生命を生かすものである。なぜなら吾々の生命は時間的継続そのものであるからである。私のように朝の時間を巧みに利用することによって二重に生きることができる者は仮に五十年の生涯でも百歳を生きたと同様となるであろう。かりに七十歳を生きれば、百四十歳を生きたと同様の価値を生きることができるであろう。

米国の豪商ジェ・ピー・モルガン氏はかつて友人に語って「自分は自分の生活の一刻を

数千万ドルの価値あるものだと思っている」と言ったそうである。これを知る彼にして始めて世界一の富豪と成り得たのである。諸君はこの貴《とうと》き刻々を無駄に浪費しついないであろうか。時間の浪費だといえば自身に何らのかかわりのない「時間」というものが勝手に流れているように感じる人があるかも知れぬが、浪費した時間は自分の貴重な「生命」を無駄に切って棄《す》てた血みどろな死骸《しがい》なのである。諸君よ、死にたくない者は時間を巧みに生かさねばならぬ。特に朝の時間を生かさねばならぬ。吾《わ》が生命なる時間を「死骸」に化してしまいたくない者は特に最も効果多き朝の時間を巧みに生かさねばならぬ。

モルガン氏は自分の「時間」の刻々をば数千万ドルの高価に見積もったが、真の「時間」の価値は数千万ドルというような安価なものではないのである。「時は金なり」という諺《ことわざ》があるけれども、時は決して金ではないのである。時は決して金銭のような安っぽいものとは段ちがいで全然比較にならないのである。

もし諸君が金銭を捨《す》てたく思うならば、これを捨てよ。しかし決して朝の時間を捨てるな。もし諸君が己が所有する土地、建物、衣裳などを捨てたく思うならば、何時《なんどき》でもこれを捨てよ。しかし、決して朝の時間を捨てるな。金、土地、建物、衣裳などはまた自分に還《かえ》ってくることがあるであろう。しかし、いかなる力をもってするも失われたる朝の時間を回復する道はないのである。

諸君が仮に往来をあるいているとき、手に一杯の金貨を握って、その金貨だけの値のあるものを何一つ得ないでいながら、その金貨を溝《みぞ》の中へやたらに捨てて歩いている人を見るならば、諸君はその人をきっと気が狂っているに相違ないと思うであろう。しかし、たいていの人は金貨以上に貴《とうと》き価値ある時間を両手に一杯もって捨てて歩いている人々を見ても気狂《きちが》いとも思わないのだ。そして自分自身も、その大気狂《おおきちが》いの仲間入りをして何とも思わずこの金貨よりも何十倍貴き宝を刻々瞬々《しゅんしゅん》捨てて歩いているのである。彼らの生活が「生長の家」の生活を遠ざかること甚《はなは》だ遠く彼ら自身が間断なく生長し得る人とならず、能力が中途で止まってしまい、いつまでも碌々《ろくろく》として常人の水準以上にのぼることができないのは当然のことわりなのである。

（『生命の實相』生活篇より）

四、「今」を生かせ

「生長の家」の兄弟よ。今があなたの時なのだ。今！　実に今だ！　今のほかに時はない！　兄弟よ。今あなたに与えられているすべてのことを今断々乎《だんだんこ》として敢行《かんこう》せよ。今あなたに可能であると見えることを何のためらいもなしに今実行せよ。これが「生長の家」の生き方だ。そして生命の生長の法則にかなう道だ。

今できることは今できるのであって、ほかの時にできるかどうかはわからない。今が懸《けん》命《めい》だ。今の可能にぶっつかれ、「今」をあなたの思うままに占領せよ。そこから未来の展望がひらけて来るのだ。

躊躇《ちゅうちょ》したり、グズグズしていて何になろう。躊躇逡巡《しゅんじゅん》は時間を失うばかりだ。時間を失うことは生命を失うことだ。今よりもいっそう便宜《べんぎ》なときが来るかも知れぬと思うな。今が、今与えられている可能に対しては一等便宜な時なのだ。「機会」という神様は前額《ぜんがく》にだけ髪の毛があって、後頭部には髪の毛がないといわれている。「機会」の神様と正面衝突《しょうとつ》して、その神様の前額の髪をひっ摑《つか》め。これが生長の秘訣であるのだ。

もっと便宜な機会が来るかも知れぬから、その時にしようなどと思うな。実際またいっそう便宜な機会が来るかも知れぬ。しかしいっそう便宜な機会ばかりを待ちのぞんでいる者は、最善の機会をさえもっと待っていたら最々善の機会が来るだろうと思って、のがしてしまう。そんな人には永久に最善の機会は来ないのだ。だから「今」を全力を出して戦いとれ。「今」を充分自分のものとせよ。

吾《われ》らが今できる仕事に全力をあげてぶっつかって進むとき、恐れることはない。目先にかえって失敗があらわれて来ようとも、それが何だ。失敗だと言うことをやめよ。失敗とは何ぞや？　吾らの望むところは吾らに宿っている「生命の生長」することではないか。「生命」ができるだけ豊富な経験を積んで生長することが本当の成功である。境遇が便利で安穏《あんのん》でノラクラ居眠りできるような状態になることは吾らの欲《ほっ》するところではないのだ。「生命」であるところの吾らにとっては創造が悦《よろこ》びだ。生長が喜びだ。固い運命の岩石に「自己」を彫刻して行くことが喜びだ。これが「生長の家」でいう本当の生長だ。

この生長主義をあてはめて考えるとき、吾らにとっては成功はもはや未来に遠く約束されている希望ではないのである。境遇の如何《いかん》にかかわらず、環境の如何にかかわらず、刻々瞬々が生長であり、成功である。今、何人《なんぴと》も生長し得《う》るように決定されているのである。今、何人《なんぴと》も成功し得《う》るように決定されているのである。何たる幸福ぞ！

されば「生長の家」では諸君の今もてる全生命を躊躇《ちゅうちょ》なく、「今」に集中して活動せよと宣言するのである。

（『生命の實相』生活篇より）

五、背水《はいすい》の陣を布《し》け

「背水の陣を布け」とは『生命の實相《じっそう》』の「智慧《ちえ》の言葉」の中に見出《みいだ》される金言《きんげん》である。諸君よ、一旦《いったん》「吾《わ》れこれを為《な》そう」と決して起《た》ち上《あ》がったならば、「吾《わ》が行くところ必ず勝利あるのみ」の覚悟が是非《ぜひ》とも必要である。逃げ路《みち》を予《あらかじ》め準備しておいて事にのぞむようなことでは何人《なんぴと》も全力を発揮することはできないのだ。

歴史にこれを見るもジュリアス・シーザーの英国侵入軍が目的地に上陸したとき彼は将《しょう》

卒《そつ》に命じて海峡を越えて味方を運んでくれた愛すべき船――もし味方の戦いが不利に終わったならば、海峡を越えて逃げ帰るときの助けとなるであろうところの愛すべき船――これらの船を悉《ことごと》く火をつけて焼き捨てさせたのであった。「進むほかに道なし」の覚悟は吾々《われわれ》に平常の肉体以上の力を発現させるものである。それは小さなる我《が》を滅《ほろぼ》して、「無限の生命」から力を汲《く》む一つの方法であるのである。「吾《わ》が行くところ必ず勝利あるのみ。」常に何事に臨《のぞ》むにもこの覚悟をもって臨む者は必ず勝利を得るのである。「吾が行くところ必ず勝利あるのみ」の覚悟を大切だといっても実際心を誘惑する逃げ路《みち》があっては本当の覚悟ができて来ないものである。そこで心がまだ本当に定まらない者には是非《ぜひ》とも背水《はいすい》の陣が必要となるのである。

「背水の陣を布《し》け」という言葉は、英語では〝Burn your bridge behind you.〟という。訳せば「汝の背後の橋を焼き落とせ」ということである。一旦渡って来た橋を焼き落としてしまったとき吾らはもう退却するにも退却の道がない。ただ吾らに残されたる自由は進むことのみとなるのである。

進むほかに道がない！　これほど吾らにとって強いことがあろうか。一歩でも動けば、それは退歩でなく進歩であるのだ。げに「背水の陣」のうちには万物《ばんぶつ》が備わっているのである。

（『生命の實相』生活篇より）

六、困難に戯《たわむ》れよ

兄弟よ、海の波が巖《いわお》にたわむれるように、困難にたわむれよう、猿が木の幹を攀《よ》じのぼるのをたのしむように困難を楽しんで攀《よ》じのぼろう。もし軽業師《かるわざし》が、綱《つな》の上を渡らないで、平坦な大道を歩くだけならば、誰も喝采《かっさい》するものはないであろう。梅の花は烈々《れつれつ》たる寒風の中で開くので喜ばれるのだ。

兄弟よ、私は苦しみに耐えよとは言わない。「生長の家」では苦しみに戯《たわむ》れるのだ。いかなる苦しみをも戯れに化するとき人生は光明化する。

盤根錯節《ばんこんさくせつ》は「生命」がたわむれるための一つの運動具である。諸君はスキーを多難だと言うか。登山を不幸だと言うか。ゴルフを艱難《かんなん》だと言うか。競泳を悲惨《ひさん》だと言うか。いかなる苦しみも戯れに化するとき人生は光明化し、そこから剛健なる無限の生命力が湧いて来る。

（『生命の實相』生活篇　巻頭より）

七、実生活の反省

人間は自分で自分の本体を忘れていることがある。そんなときに生活がくずれるのである。

自分を物質だと思っているとき生活がくずれる。

自分を肉体だと思っているとき生活がくずれる。

自分を「先生」だと思い上がったとき生活がくずれる。

人間は説教する動物ではない。自分を、説教する動物にしてはならないのである。

人間は何よりも「生活者」であるということに気がつかなければならないのである。

○

人から批難《ひなん》されたときよりも、人から褒《ほ》められた時の方が、よほど気をつけなければ危い。

○

人間は神の子であるが、すぐ今のままでいい加減に神の子だなどと思い上がりがちであり、無限の内容である「自己」を有限微小にしか顕《あら》わさないで得々《とくとく》とすることがありがちである。

先生といわれると人を怒鳴《どな》りつけるようになる人もある。

先生といわれると、寝床《ねどこ》をあげぬようになる人もある。

先生というものは豚《ぶた》ではないのである。豚なら廊下を掃《は》かなくとも、寝床を上げなくとも、感謝しなくとも、誰も何ともいわない。

先生といわれることは余程《よほど》危いことである。

○

もっと拝むことに徹底しなければならぬ。

○

夫婦の仲はよいか。

本当によいか。

本当に感謝しているか。

擲《なぐ》りつけはしないけれども、それだけで好《よ》いか。

もうちょっと、こうして欲《ほ》しいと不平に思うことがないか。そんなことで何の感謝ができている？

「欲しい」という心を捨てなければ！

○

自分は誰かを縛《しば》っていないか。

「こうありたい」と思う心は縛《しば》る心。

「こうありたい」と思う心を捨てなければ、本当にそのまま素直《すなお》に「ハイ」の心ではない。

「こうありたい」のではない、すでに「天国浄土《じょうど》がここにある」というのがこの教えである。

○

見渡すかぎり、天国浄土。
そのほかに何もない。
そのほかに何かあると見えるのは、
自分の心が曇った証拠。
湖の水が赤く濁《にご》って見えるときは、
雲が赤く濁っている。
湖の水が黒く沈んで見えるときは、
雲が黒く沈んでいる。
湖の水が紺碧《こんぺき》に澄み切って見えるときは、
お空が紺碧に澄み切っているときだ。
みんな自分の心の影だ。

見渡す限り天国浄土。

◯

ときどき、人間の心の中に黒雲が翳《かざ》すときがある。
それは日時計《ひどけい》主義を忘れたときだ。
「われはただ太陽の輝く時刻のみを記録す」と日時計は言う。
いみじきかな日時計！
時として人間が暗黒時計になって、
「われはただ暗黒なる事柄のみを記録す」と言うようになっていないか。
旧《ふる》い誌友にときどきそんな人がある。
旧いということが尊《とうと》いのではない。
新生が尊いのである。
陳《ふる》くなって黴《かび》が生《は》えて、暗く沈んでしまったら、その人はもう生長の家ではない。
「われは唯《ただ》太陽の輝く時刻のみを記録す。」

◯

自分が暗くなり、心を引き立てることを忘れていながら、そして不幸が来たからとて光明思想が悪いのではない。
光明思想は実行しなければならぬ。

行《ぎょう》じないでは、神は実現せぬ。

○

心を引き立てることを毎朝の行事にしなければならぬ。

生長の家にはいった当座は「心を引き立てる」ことを感激を以《もっ》て行じたけれども、いつのまにか「心を引き立てる」ことを忘れてしまった人も多勢《おおぜい》ある。

沈滞すれば黴《かび》が生える。

毎日「幸福だ」「ありがたい」「嬉《うれ》しい」「本当にこれでよくなるぞ」などという語《ことば》を出すようにしなければ、どこに生長の家にはいった値打があるか。

一回でもこういう言葉を出した日は幸福だが、一回もこういう言葉を出す機会のなかった人は、もうその人の生命が陳《ふる》びかけ、信仰が退転しかけている。

自分自身かえりみて、「今日はどうだったか」と考えてみよ。

「まことにすみませんでした」と一言《ひとこと》やさしくあやまれば好《よ》いところを、「それはこういう理由で致しました」と理由や理屈をつけようとする。

そこから家庭生活の不愉快は生まれる。

○

人に口で説教する行事よりも、下駄《げた》を揃《そろ》える行事の方が人を感謝さすこともある。

また下駄を揃えて、いらぬことを先生はすると叱《しか》られることもある。

他人様のために適当なことをするのでなければならぬ。便所の掃除でも、下駄揃えでも、「自分」の徳行《とくぎょう》をあらわすためにするのでは嫌味《いやみ》である。

○

不来《ふらい》にして来たり、無相《むそう》にして行《ぎょう》じなければならぬ。

○

鋭い叱咤《しった》よりも、優しい言葉が、おおむね人を動かし、感動せしめる。

○

節約といって、だんだん物事を縮小して行くようでは、何事も発展せぬ。といって、大風呂敷をひろげても内容が充実していないとくずれる。遠心力と求心力とが調和しなければならぬ。人真似《ひとまね》では駄目である。囲碁《いご》でもそうである。

○

気にかかることは皆捨てて、善いことばかりを心の中で思っているか?――自分みずからに問え。

○

近頃、あなたはお食事のとき愉快《ゆかい》に談笑しつつおあがりですか。もし黙々として、砂を噛《か》むような態度で食事をしていられるならば、どんな栄養も、その大部分は、もう吸収されないでしょう。

「これは美味《おい》しい！」

とおいしくなくとも讃美《さんび》して食べて下さい。

「不味《まず》い！」と言った時よりも実際おいしくなる。

実際、食事のときの小言《こごと》が、その家庭で出だしたなら、その家庭の感情は腐《くさ》りかけているのである。

その防腐剤はおいしいという讃《ほ》め言葉である。

何でも実行しなければならぬ。継続的に実行しなければならぬ。

○

一ぺん悟ったからとて、今悟っているかどうか判《わか》らぬ。

一度快晴だったとて、今は曇天《どんてん》かも知れない。また雨が降っているかも知れない。

もちろん、雲の上にはいつも輝く太陽と青空とがあるが、太陽と青空とを実生活に顕《あら》わすことが大切である。

○

讃《ほ》めれば太陽がその人の周囲に輝き、悪口すれば暗雲がその人の生活を覆《おお》い鎖《とざ》す。

今日何《きょうなん》べん人を讃《ほ》めたか。

今日何べん自分は人を貶《けな》したか。

生活の綱渡り。時々踏《ふ》み外《はず》す人がある。
一分間でも生活は取り返しがつかない。千仭《せんじん》の谷へ墜落せぬとも限らぬ。
今日、どんな生活を送ったか。
却下照顧《きゃっかしょうこ》だ。却下照顧だ。
今の生活のほかに宗教生活も悟りの生活もない。真理行《しんりぎょう》に澄《す》み切ること。

（『静思集』より）

八、神に全託《ぜんたく》せよ！

何事も、神にお委《まか》せなさるのがよいのでございます。神は全《すべ》ての全てなのですもの。しかし神にまかせるというのは、憂鬱《ゆううつ》にまかせ切って、憂鬱の奴隷となることではございません。神は「光」でございますから「光」に全てを打ちまかせねばなりません。神は「希望」なのですもの、「希望」に全てをお委せにならなければなりません。神は「智慧《ちえ》」なのですから神の導きの「智慧」にお従いにならなければなりません。神は「生命《いのち》」なのですから、「生命《いのち》」の摂理《せつり》にお委せにならなければなりません。

神にお委せになるというのは、征服され切るということではございません。今、今、今、神の力を自己のうちに感じて起《た》ち上がることなのでございます。境遇に屈従し環境に屈服してしまうことではありません。「そのまま素直に受ける」というのは奴隷になることではございません。与えられたすべてを自己の「生命の糧《かて》」と化するのでございます。すべてのものを大度量の下《もと》に嚥《の》み下《くだ》して吐《は》き出さず、それを吸収し、養分として、そこから自分の力をいっそう大きく生長せしめて起《た》ち上がるということなのでございます。

そういうような心的態度におなり下さいましたならば、人生の事件 悉《ことごと》く自己を生かすのみに存することが判《わか》ります。

（『静思集』より）

九、神の自己顕現

神は自全《じぜん》である。すべて満ち足りているから、満足なのである。満足だから、楽しいのである。楽しいから幸福なのである。人間が神の生命の自己顕現《けんげん》であるならば、楽しいのがあたりまえである。幸福なのがあたりまえである。そのあたりまえがなぜ出て来ないかというと、出さないからである。それは水源地につづいている水道の鉄管みたいなものである。もう水はそこまで満ちており、ただ水栓《コック》を捻《ひね》ればよいようになっているのである。ただコックを捻らぬから水が出ないにすぎない。

人間の生命の鉄管には幸福の水がもうそこまで来ている。幸福にならないのは、その幸福の水を出さないからである。もうそこまで来ている幸福の水のコックを捻ればよいのである。

　幸福の水のコックを捻るには、朗《ほが》らかに笑うことである。人間の本性である楽しさを表出するのがよいのである。何も楽しくないのに笑えぬではないかという人があるかも知れぬが、楽しくならぬのは、「楽しさ」を外へ出さないからである。「楽しくならないのに笑えぬではないか」という人は、「水がないのに水道の水は出せぬではないか」というのと同じである。水がないからこそ水道の水を出すのである。楽しくないからこそ、「楽しさ」を外に出し、「笑い」を外に出すのである。水を出せばその辺が潤《うるお》ってくる。「笑い」を出せば周囲は自然に楽しくなってくる。人間の本性は神のいのちであるから本来楽しいのである。これは縦《たて》の真理である。

（『静思集』より）

十、成功の要素

　成功の要素は、困難をできるだけ引き受けようとすること、責任をのがれようとせぬこと、進んでいっそう大いなる責任をとろうとすること、人間の表面をごまかす娯楽的読物や観物《みもの》を避けること、読むなら立派な纏《まと》まったものを読むこと、観《み》るなら立派な芸術品を観《み》ること。つまらない出来事にこだわったり、腹を立てたり、持越《もちこ》し苦労、取越《とりこ》し苦労でクヨクヨすることによって時間とエネルギーを浪費せぬこと。および毎日進歩することである。

進歩しないものは必ず退歩しているのである。人生は坂に車を押すが如《ごと》く、婦人の使う鋏《はさみ》の如く、油断をしたり使わねば錆《さ》びてしまうのである。

何もしないよりは、結果は失敗でもよい何でも試みるがよい。何か行なえば何か得られなくとも必ず経験は得られるのである。

(『愛と光との生活』より)

十一、自由の穿《は》き違い

自由ということを無統制、無節制、だらしないこと、各自思いのままに振舞《ふるま》って人の迷惑をも顧《かえり》みないで少しも調和しないことだと考えている人が往々にしてあるけれども、これほどあやまった自由はない。自由とは欲望の奴隷ではない。自由とは困難から逃げることではない。自由とはいかなる困難にも屈せずそれを征服する自由を得ることである。自由とは安逸《あんいつ》でもなければ不規則でも無節制でもない。大いなる自由は自然に律《りつ》にかなうのである。大音楽家は音楽弾奏《だんそう》の大自由を獲得しているが故《ゆえ》に、その弾奏はいかに奔放《ほんぽう》であっても、総《すべ》て律《りつ》にかなうのである。下手《へた》な音楽家は音楽弾奏の自由を獲得していないが故に、その弾奏はダラシなく、律《りつ》にかなわず、ブロークンで、何らの全体的統制がないのである。すなわち、ブロークンと、だらし無《な》さと、投げやりとは自由を獲得していない証拠である。この音楽の例を引いて考えてみるとき、大自由とは律《りつ》にかなうことであり、一見自由と考えられるところの安逸や、ダラシなさや、無統制が決して自由ではないということが判《わか》るであろう。

　凡《およ》そ自由とは「雑然」を征服する「規律」である。生命は本来自由なるものなるが故に、生命が現われれば「規律」となってあらわれるのである。雑然の世界には生命がない。生命がないとは、規律がないということである。規律のない世界を渾沌《ケーオス》の世界という。渾沌《ケーオス》の世界とはそこにまだ創造がないということである。渾沌《ケーオス》の世界に生命が進軍するときそこに韻《いん》を生ずる、この韻とは宣《のり》であり、則《のり》であり、規《のり》である。生命が働きかけて創造が行なわるるところには、常に規律《のり》が生ずるのである。そこに雑然ところがっている瓦礫《がれき》を称して吾々《われわれ》が生きていないと認めるのは、それが雑然としていて規律《きりつ》がないからである。もしそれが規律を得て矗々《ちくちく》として天を摩《ま》する偉大なる建造物となるならば、その建築美を称《たた》えて、そこに建築芸術家の生命が生きているといって吾々はたたえるのである。瓦礫そのものは生きてはいないが、瓦礫をつみかさねた重ね方に、生命の律《のり》と規《のり》とが加えられたから吾々はこれを称して生きているというのである。

凡《およ》そ無機物と、生命体とが相異《そうい》するのは、無機物は瓦礫《がれき》の如《ごと》く雑然としているけれども、生命体は秩序整然としていることである。かの瓦礫の中からでも生《お》い出《い》でる樹草を見よ。それは瓦礫として雑然ところがっている無機物を溶《と》かして、それを構成する要素を秩序整然と積みかさねて、一定の細胞組織に変化するのである。無機物を溶かして、その要素に秩序と規則《きそく》とを与えることを生命化するというのである。生きているとは秩序があるということである。

今まで吾等《われら》はおおむね規律とは自由を縛るものだと考えて来た。しかしこれは誤《あやま》れる縛《しば》りに対する反動精神にすぎないのである。規律《きりつ》の「規《き》」とは「規《のり》」であり、「宣《の》り」であり、「伸《の》ぶる」であり、伸張《しんちょう》である。大いに伸びるためには規《のり》に適《かな》わなければならない。天を摩《ま》する大廈高楼《たいかこうろう》は建築家の綿密細微なる規矩《きく》によって設立せられ、その規矩に従って建造されたればこそ、かく天を摩するとも崩壊《ほうかい》しないのである。小さなるものは、少々ぐらい規矩に離れていてもなお崩壊しないこともあるけれども、大建築は少々の規矩の相異からでも頂層《ちょうそう》に於《お》ける大いなる歪《ゆが》みは大となって破壊する。

独奏は少しのタイムに相異があっても、なお聴《き》かれるであろう。オーケストラになると、人間は自由だといって、各自異なるタイムで演奏していたのではどうなるだろうか。それは音楽ではなく噪音《そうおん》に化するであろう。人間でも同じことで個人生活は我儘《わがまま》、気儘《きまま》しほうだいでもなお崩壊しないことがあるけれども、これが家庭となり、社会となり、国家となり、次第に大いなる団体になるにしたがって少しの規律の歪《くる》いでも欠陥を暴露《ばくろ》してついに崩壊するに到《いた》るのである。大家族となり、大団体となるとき吾々は益々多く規則正しい生活が必要なのである。

十二、天性の自由と嗜欲《しよく》の自由

現代の青年は極度に自由に対する憧憬《あこがれ》を有《も》っている。悉《ことごと》くがそうではないであろうけれども、私の接した青年の大部分はそうなのである。しかし多くの青年について観察するにその自由というものが非常に穿《は》き違《ちが》えられているらしい点があるのは残念である。生長の家は無軌道の教育であり、自由自在のさとりであり、ねばならぬに捉《とら》えられない生活である。といえば、滅多矢鱈《めったやたら》な軌道にはみ出た生活を送って行くのが「自由」の生活であるように思っている者があるのは残念である。自由とは、亭々《ていてい》として空高く聳《そび》えて行くべき性質をもった樹木がそのまま健《すこ》やかに亭々として曲がらずに伸びて行くことである。ここにその樹木は本然《ほんねん》の生命の自由を得たのである。「我《われ》らはどうするのも自由である」というような気持から真直《まっすぐ》に伸びて行くべき樹木が強《し》いて曲がりくねり捩《ね》じれるというようなことがあったならば、それは自由は自由であっても、「嗜欲《しよく》の自由」が「天性の自由」に打ち克《か》ったのである。その樹木そのものの「天性の自由」は踏《ふ》み躙《にじ》られ、破壊されたのである。孔子は齢《よわい》七十にして心の赴《おもむ》くところに随《したが》ってその行ない矩《のり》を踰《こ》えずと言ったが、これは「天性の自由」がそのまま何の計《はか》らいもなしに「嗜欲《しよく》の自由」に打ち克《か》った状態である。古聖《こせい》が「服従に自由あり」と言ったのは「嗜欲」を「天性の自由」に服従せしめたところに「本当の人間」の自由があることを意味したのである。ここに吾等《われら》はどうしても「本当の人間」と「ニセ物の人間」とを区別しなければならないのである。「ニセ物の人間」の自由は、嗜欲の奔放《ほんぽう》という形であらわれる。「本当の人間」(すなわち本性)の自由は計《はか》らわずしてその行ない矩《のり》を踰《こ》えざる形にてあらわれる。その行ないが矩《のり》を踰《こ》えている間は、まだその人間は本性の自由を得ていないで、本当の人間の自由(自分の本性の自由)を殺しているのである。ある時会社を経営している一人の誌友が、私にこんな話をした、「自分は生長の家へはいって以来、社員の出勤時間がメチャクチャになったり、遠い叔父さんが死んだという私事を口実《こうじつ》に一週間も休んだりしていても、私は何も言わなかった。それでもその青年は、こんなところに本当の自由はない、こんなところは青年の生活すべき所ではないと、まるでそこが何の自由もないところのように人に言いふらしていることを聞いた。それでも私は何とも言わなかった。私はその青年が、自由とはそんな嗜欲《しよく》の完全な充足ではないことを自分で悟《さと》ってくれるのを待っていたのである。その青年は以前に喫煙が好きであったが、光明思想に触れて生長の家に熱心であった当座は喫煙癖がスッカリ無《な》くなっていた。その時は彼は本当に魂が自由であったから、煙草《たばこ》の煙の奴隷にはなっていなかったのである。何も吸わないでも自由な感じがしていたのだ。ところが心が不自由だと考え始める頃になると再び喫煙癖が始まっていた。心の不自由感の投影が、煙草に対する隷属《れいぞく》として具象化したのであった。まもなくその青年は会社を飛び出しました。」これは何を教えるか。嗜欲の自由は、それがいかに自由であっても自由だと感じられないことを示しているのである。嗜欲が自由であればあるほど本性の自由は圧迫されて何となしに窮《きゅう》屈《くつ》さを感じるのである。誰でも嗜欲にまかせたあまり定められた出勤時間よりも遅れて出勤してみるがよい。その日は非常に周囲から圧迫せられているような感じを受けて逃げ出したくなるであろう。これは「嗜欲の自由」は「自分の本性」の自由を圧迫しているからである。そういう嗜欲の自由の充足がたび重なれば周囲が圧迫するような窮屈感でその人はついにそこから逃げ出してしまうのである。そして「あんな窮屈な不自由なところはない」と言う。しかしこれは周囲が圧迫しているのでも、周囲が自由を奪っているのでもなく、自分の嗜欲が「本性の自由」を奪っている束縛感《そくばくかん》が、外的周囲に投影して、その周囲が窮屈に圧迫するように感じられるのである。

十三、生命の両輪

聖書の中にキリストの言葉として、「蛇《へび》の如《ごと》く叡《さと》く、鳩の如く穏《おだ》やかであれ」という言葉がある。蛇のように鋭いのはいけないが、単に温良なのみであって、朗《ほが》らかな智慧《ちえ》がなければ、その人は力なき善人となって愛が蹂み躪《にじ》られ、屏息《へいそく》せしめられるのである。智慧と愛といずれが尊いかというと兄《あに》たり難《がた》く弟《おとうと》たり難しである。『生命の實相《せいめいのじっそう》』を読むと何を教えられるかといえば、第一に智慧の方面から吾々《われわれ》の心の眼を開くのである。この時には智慧が主になっている。『生命の實相』を読んで病気が治るのも智慧の眼が開くからである。慧眼《けいがん》が開けて迷《まよい》が除《のぞ》かれれば自然と病気が治るのである。この場合の智慧は世智《よち》とか知識とかいうのではなく、慧眼が開くという場合の智慧の中には愛も慈悲《じひ》も、その他の一切《いっさい》の徳が含まれているのである。慈悲というのも甘やかす働きではなく、如来《にょらい》の智慧の働きと見ることができる。だから慈悲すなわち恵みの最大なるものを無畏施《むいせ》といって無畏施すなわち何者にも恐れざる智慧を施《ほどこ》すことが最大の慈悲だといわれている。智慧を施されて無明《むみょう》が摧破《さいは》され終わった時に、今まで自分の生命を覆《おお》いおりしところの一切の障礙《しょうげ》が除かれて、生命本然《ほんねん》の働きというものが出てくる。生命の本然が出てくれば、一切が施されたと同じであるから、最大の施与《せよ》となるのである。その逆に人間最大の不幸は智慧なきことである。『生命の實相』の中にも、釈迦《しゃか》に対して弟子《でし》が「知って犯《おか》す罪《つみ》と、知らずして犯す罪とどちらが重いか」と問うた時に、釈迦は「知らずに犯す方の罪が重く、知って犯す罪は軽い」と答えたと書いてある。弟子が訝《いぶか》るので、釈迦は譬《たとえ》を以《もっ》て説明して、「焼《やけ》火箸《ひばし》を握って、知らずに握った時と知って握った時とはどちらがよけい火傷《やけど》をするか」と弟子に反問している。弟子曰《いわ》く、「知らずに握った方が余計火傷致します」と。釈迦曰く「かくのごとく、知らずに罪を犯したらそれだけ多く傷つくのである。智慧のなきことは人生不幸の最大原因である」と。焼火箸を知らずに握って大火傷をするように吾々は知らずに人を何百人殺しているかも知れないのである。どんな悪鬼羅刹《あっきらせつ》でも、知って人を殺そうとする場合には、何百人もの多勢《おおぜい》を殺すわけには行かない。しかし無知の所行《しょぎょう》は何億人でも殺すのである。人類発生以来、無知のためにどれだけ多くの人が殺されたかを思うとき、吾《われ》らはこの「光明思想」をどんなにでもして広く人類に伝えずにはいられないのである。諸氏よ、協力して下さい。協力するのは愛の実現である。愛は智慧を施す行《ぎょう》の方面である。

（『一流の人妻子を作る』より）

新装新版　青年の書（完）

索引

＊頻度の多い項目は、その項目を定義、説明している箇所を主に抽出した。
＊一つの項目に複数の索引項目がある場合は、一部例外を除き、一つの項目にのみ頁数を入れ、他の項目には→のみを入れ、矢印で示された項目で頁数を確認できるよう促した。(例 「神の愛」等)
＊箴言・真理の言葉は別項を立てて一括掲載した。

〔き〕

〔く〕

〔け〕

〔こ〕

〔そ〕

〔た〕

〔ち〕

〔て〕

〔と〕

〔な〕

〔わ〕

箴言・真理の言葉

新装新版《しんそうしんぱん》 青年《せいねん》の書《しょ》

初版発行 —— 令和五年九月一日

著　者 —— 谷口雅春《たにぐちまさはる》

責任編集 —— 公益財団法人 生長の家社会事業団
谷口雅春著作編纂委員会

発行者 —— 白水春人

発行所 —— 株式会社光明思想社
〒 103-0004
東京都中央区東日本橋 2-27-9　初音森ビル 10 F
Tel 03-5829-6581　Fax 03-5829-6582
郵便振替 00120-6-503028

装　　幀 —— 松本　桂

本文組版 —— メディア・コパン

印刷・製本 —— モリモト印刷

ISBN978-4-86700-040-3